Sous la direction de
Gérard NANGA MBÉ et OWONO ZAMBO

MUSIQUE URBAINE CAMEROUNAISE

Étude de contenu, alternance codique et transculturalité

TEHAM
35, AVENUE LEFÈVRE
94420 LE PLESSIS-TRÉVISE - FRANCE
2021

www.tehameditions.com
ISBN 979-10-90147-50-8

Présentation de la problématique de l'ouvrage

Gérard Nanga Mbé, Owono Zambo

L'état de la musique camerounaise doit être fait du point de vue de son contenu de plus en plus hypersexualisé mais aussi du point de vue sociolinguistique puisque son langage embrasse à la fois les idiomes coloniaux et les langues du cru.

Toute idée de modernité ou de modernisation, sans son corollaire éthique, n'est que recul. L'humanité, dans son mode de vie et dans le fonctionnement de ses expressions culturelles, doit nécessairement les améliorer pour les rendre opérationnelles et pertinentes selon les générations ou les enjeux.

La musique camerounaise ne peut échapper à ce préalable établi. Elle est appelée à connaître des mutations à la fois dans les contacts entre les cultures d'ici et d'ailleurs qui se rencontrent, dans les langues qui sont les supports des messages portés à un public de plus en plus cosmopolite, dans le contenu des textes qui tendent à dépraver les mœurs.

Il s'instaure ainsi une double articulation à examiner : le texte à chanter est une imbrication de plusieurs langues/ cultures et le message de ce texte est sujet à critiques tant il se ramène à une certaine tendance, devenue quasi exclusive, au sexe ou à la pornographie.

La musique camerounaise est à l'image de l'écologie

linguistique du Cameroun. C'est un pays qui compte près de 270 unités linguistiques qui partagent le même territoire locutionnel avec 2 langues officielles coloniales : le français et l'anglais. Cela suppose des phénomènes de plurilinguisme, d'alternance codique et de transculturalité auxquels le recours au sexe, dans l'expression textuelle des chanteurs, ne manque pas de s'associer. Tout cela apparaît comme un mélange riche, exquis, suspect, infect où l'on peut très vite regretter le temps glorieux des classiques de la chanson camerounaise où la langue locale était au centre de la création artistique et où le sexe n'occupait qu'une place accessoire. Son traitement, le cas échéant, se faisait de manière très figurative, évocatrice et nuancée.

Aujourd'hui, avec les grandes libertés acquises, l'expression musicale du thème sexuel n'a pas fini de surprendre ; tout comme les couleurs variées du langage du chanteur camerounais n'ont pas fini de révéler ce que la rencontre entre langues et cultures peut procurer comme richesses à la dynamique des langues.

Depuis une quinzaine d'années, l'univers musical camerounais s'est enrichi de ce qu'on appelle la « new urban music ». Cette tendance musicale a propulsé de jeunes femmes et hommes sur le devant de la scène discographique du fait d'un style moderne mais ancré dans le vaste répertoire culturel du Cameroun. Ce fait artistique, loin d'être anodin et exclusivement rythmique, donne à voir un « bouillon de cultures » mais également un espace de cohabitation linguistique et codique entre langues exogènes et langues du cru.

Les idiomes coloniaux, intégrés dans une sphère dialectale variée, deviennent une (res)source scripturaire pour les textes de la musique urbaine ou locale (bikutsi, makossa ou benskin). De ce fait, un phénomène intéressant et propice à une analyse scientifique se manifeste chez les artistes avec un naturel déconcertant : celui de la double alternance codique.

La première, ou alternance codique « externe », se manifeste par la variation des langues officielles (anglais et français) dans la chanson. La deuxième, ou alternance codique « interne », se traduit par l'oscillation des langues locales dans un texte ou une chanson, ou encore la fluctuation du « Broken English » (pidgin), parler véhiculaire fortement en usage dans l'univers des jeunes, et les codes locaux.

Ce phénomène exhale la dynamique holistique de la culture linguistique camerounaise et, par ricochet, la richesse des possibilités scripturaires. Le texte musical, dans ce contexte, devient le lieu de la rencontre et de la cohabitation entre la langue du terroir de l'artiste et les langues qui lui sont géographiquement mitoyennes ou lointaines. De ce point de vue, il est opportun d'investir ce phénomène artistique pour en dégager les modes, la syntaxe et les valeurs. C'est ce travail qu'ont essayé de réaliser les différents auteurs d'articles recensés dans cet ouvrage collectif.

Coordination scientifique

Gérard Nanga Mbé, professeur de Lettres modernes, critique littéraire, Cameroun ;
Owono Zambo, PhD en Sciences du Langage, chercheur associé au CELFA, Université de Bordeaux 3.

Alternance codique,langage du cru et double sens dans les textes musicaux camerounais : entre « décence » et lubricité

Jean De Dieu Olowa, Adidja Njoya Ngouotmoun
Université de Ngaoundéré (Cameroun)

> « Ces mots de pudeur, de modestie et de décence, dont vous avez la bouche pleine, n'ont, en fait, aucun sens précis et stable. C'est la coutume et le sentiment qui seuls les peuvent définir avec mesure et vérité. » (Anatole France, 1893 : 471)

Résumé

Qu'on l'écoute avec désinvolture ou intérêt, il est facile d'observer que l'expression du sexe dans la musique camerounaise peut être délibérée, libertine, abondante, outrée, subtile et pernicieuse. Il est surtout fascinant de voir avec quel génie s'opèrent chez les artistes camerounais les mécanismes de suggestion ou d'expression d'une réalité qui pour l'Africain est généralement taboue. À ce propos, l'analyse des productions musicales populaires, sous le prisme de la pragmatique psychosociologique de Giglieno (1989), révèle que leurs auteurs facétieux jouent sur l'ambiguïté, le double sens et sur un jeu d'alternance opéré entre les langues officielles et les langues ou parlers du Cameroun pour éviter la censure et aborder des sujets aux accents volontairement lubriques.

MOTS-CLÉS

Culture, érotisme, musique camerounaise, sexe, sexualité.

INTRODUCTION

L'activité du langage, bien que liée à la fantaisie individuelle, se recoupe autour de certains invariants qui participent de la construction d'une certaine identité culturelle. L'usage de la langue est donc, comme le rappelle Charaudeau (2009), le lieu de la socialisation et le domaine d'expression des valeurs. Ainsi, le Cameroun musical dual, avec ses musiques urbaines (élitistes) et ses musiques traditionnelles (celles des villages), ses musiques orales et ses musiques écrites, consacre pour chaque cas des codes linguistiques spécifiques. Dans le cas de la musique urbaine, on observe alors l'existence d'un parler particulièrement codifié sur les plans lexical et sémantique et dont l'usage procède soit du souci d'éviter la censure soit d'une volonté d'exprimer, sous couverture, avec une décence « apparente », des désirs lubriques. Dans cette étude, il s'agira d'examiner les procédés linguistiques dont usent les chanteurs camerounais pour développer la thématique érotique. Aussi, nous nous énoncerons en termes d'esthétique de l'érotisme. Le questionnement suivant guidera notre analyse :

Comment les chanteurs camerounais expriment-ils la notion de sexe dans la musique populaire ? En d'autres termes, quels procédés lexicologiques, stylistiques et langagiers les artistes utilisent-ils pour évoquer des idées sexuelles ?

Notre analyse s'inscrit dans la perspective de la pragmatique psychosociologique. Dans cette perspective, notre analyse prendra en compte les considérations sociologiques pour justifier les intentions de communication des artistes. Ce travail évoquera tout d'abord l'historique de la musique urbaine camerounaise. Ensuite, nous étudierons les procédés d'alternance codique et le registre de langue employés par les artistes. Enfin, les reconceptualisations sémantiques, les insinuations et allusions ainsi que les jeux de mots et les inachèvements constitueront les dernières parties de cette étude.

AUX ORIGINES DE LA MUSIQUE URBAINE CAMEROUNAISE

La musique urbaine africaine et particulièrement camerounaise s'établit sur un large éventail de sonorités folkloriques du terroir et de rythmes occidentaux. À la suite de Wolfgang (2000), Nlend (2012 : 177) donne la définition suivante : « Les musiques que nous appelons populaires, bien que tributaires d'un fort ascendant folklorique, s'en démarquent en ceci qu'elles combinent aux mélodies et rythmes dont elles s'inspirent des éléments et styles propres aux instruments européens. » Ces musiques évoquent donc un mélange de hip-hop, de rap, de reggae, de soul, de R&B... aux sonorités telles que le makossa, le benskin, le bikutsi, entre autres. Selon cette même auteure, la révolution de la musique camerounaise s'opère dans les années 70 avec le concept de *Soul Makossa* de Manu Dibango, qui fit un carton aux États-Unis. Il s'agit alors d'une version teintée d'une coloration de soul, de funk et de jazz. Cette chanson sortie en 1973 obtient un tel succès qu'elle donne lieu à des reprises devenues tout aussi célèbres. Michael Jackson reprend un bout de cette chanson, écrite pour la 8e édition de la Coupe d'Afrique des Nations, dans son titre *Wanna be startin' somethin'* en 1982. Akon signe également un remix de ce titre où le phrasé répété « Mama ko mamassa, mama makossa » passe en boucle. Dans son titre *Don't Stop the Music*, enregistré en 2007, Rihanna reprend ce même refrain.

Dans la même veine, d'autres artistes comme Elvis Kemayo, Tala André Marie, Petit Pays... apparaissent dans le paysage musical avec le même succès sur le plan national et international. Wafo (2012) explique que, si la sexualité est effectivement vécue par la jeune génération, leur discours, à l'image des artistes de la vieille génération tels que Manu Dibango, Elvis Kemayo, Ben Decca, suggère la pudeur et non l'impudicité. Ainsi, à la suite des chanteurs sus-cités, Petit Pays se distingue par une inscription plus prononcée de ses textes dans le registre d'un parler empreint de néologismes, de connotations plus ou moins évidentes évoquant le sexe ou la sexualité. Le sexe occupe alors une place plus importante au sein d'un discours tantôt voilé, imagé, symbolique, tantôt totalement cru. Plus récemment, à partir des années 2000 jusqu'en 2019, une nouvelle génération d'artistes populaires occupe la scène musicale camerounaise. Dans son numéro de janvier-février 2017, le magazine *C'Koment* se consacre à un état des lieux de la musique urbaine. À ce propos, Maahlox avec ses titres *Tuer pour tuer* et *Ça sort comme ça sort*, ainsi que Franko avec *Coller la petite*, avec Mr Léo, Salatiel, Tenor et Mink's s'imposent, entre autres, comme des figures dominantes du paysage musical en 2016. Et si chacun de ces artistes se démarque par un style particulier, les chansons les plus plébiscitées s'avèrent être celles qui stimulent directement ou indirectement la libido de la plupart des jeunes. Dans ce sens, un rapport de l'Unesco publié en 2006 fait l'observation suivante à sa page 16 :

> Le pouvoir créateur, confronté à la loi de l'offre et de la demande, s'allie désormais à la tyrannie de l'argent. Par moments, l'artiste cesse d'être ce « pédagogue chantant », cette « mémoire des traditions » naguère vouée à la seule cause communautaire.

Si la musique « se réclame de son «lieu» », Nlend (2012) explique justement que c'est dans les circonstances du marasme économique observé dans les années 80 et qui a conduit à l'immigration de certains grands noms (Manu Dibango, Richard Bona, Henri Dikongué...) que la musique camerounaise connaît de nouvelles expérimentations et un « infléchissement » sur le plan éthique. Cela conforte cette observation que fait Courtois (1998 : 614) : « La sexualité est en partie régie par la communauté et est étroitement liée à la socialisation des individus... Elle dépend du contexte social, historique et culturel d'une société. » Comme cela était le cas dans les années 80, les populations subissent des conditions de vie très difficiles marquées par l'augmentation du coût de vie. Ce malaise économique consacre en 2008 des marches de réclamation plus ou moins violentes dans les deux grandes villes du pays, Yaoundé et Douala. Ces villes comptent, comme on l'entend souvent dire sur la chaîne de musique Trace Africa, parmi les grandes capitales de l'ambiance africaine. La précarité peut être, dans ce cas, envisagée comme l'une des raisons de l'éloignement des artistes des préoccupations purement éthiques.

Ainsi, on constate que les « chanteurs du sexe » ont d'une certaine manière réussi à créer un univers linguistique dans lequel chanteurs, mélomanes et simple public se comprennent sans peine. Un tel « talent » linguistique singulier, qui consacre le sexe et qui authentifie, légitime la prospérité et l'originalité de la musique camerounaise, suggère la taxinomie des faits de langue ou procédés linguistiques y afférents. Ayant jusqu'ici su et pu quasiment transcender une véritable censure, il est question de mettre graduellement à nu d'un point de vue lexical, stylistique et langagier/linguistique l'arsenal dont regorge ce qu'il convient pratiquement d'appeler le « sex code » de la musique camerounaise.

LE PARLER MIXTE : UN TOUR DE PASSE-PASSE

Dans un pays où l'hétéroclicité caractérise grandement le paysage linguistique (environ 250 langues selon Bikoi, 2012), le premier moyen utilisé par les chanteurs pour pousser leurs « ardeurs érotiques », comme le dit Baguissogo (2010), passe par le détour d'une langue autre que celles que tout le monde peut comprendre. Les paroles en français ou en anglais sont les plus accessibles au grand public ainsi qu'aux autorités compétentes pour juger des affaires de mœurs et d'éthique. Ainsi, l'artiste restreint la compréhension de son message au seul cadre d'une communication intra-ethnique. Cette technique d'exclusion des personnes non locutrices de la langue du chanteur rapproche fort bien la chanson d'un aparté entre le chanteur et les autres locuteurs. Cet extrait du titre *Memanam* d'Amina Poulloh illustre cet usage.

(1) Mon prince charmant
Je t'aime
Chéri am, heft-am [Mon chéri, porte-moi]
Chéri am, wallin-am [Mon chéri, étends-moi sur le lit]
Chéri am, ɓort-am [Mon chéri, déshabille-moi]
Chéri am, ɓadit-am [Mon chéri, rapproche-toi]
Chéri am, wubb-am, moyt-am, [Mon chéri, étreins-moi, caresse-moi]
Mem-an-am [Masturbe-moi]
(Amina Poulloh, *Memanam*)

Le passage ci-dessus exemplifie un cas d'alternance entre le français et le fulfulde. L'évocation des étapes préliminaires d'un rapport sexuel y est très explicite et les mots révèlent clairement une sensualité brutale. Les contreparties françaises démontrent que la liberté du langage que s'arroge la chanteuse dans sa langue maternelle est plus grande et reste forcément liée à une plus grande lascivité. Cela est également perceptible dans la chanson de Zonga Gaimona intitulée *Be zonga* avec le passage suivant en fulfulde :

(2) ɓantu gudel mi laar-a [Soulève le pagne afin que je voie ce qu'il y a dessous]
dankali walaa iyal [La patate n'a pas d'os. Patate = pénis]
(Zonga Gaimona, *Be Zonga*)

Le mélange de langues le plus utilisé est celui qui consacre le parler jeune en vogue au Cameroun : le camfranglais. Il s'agit d'un parler hétéroclite qui est le résultat d'une hybridation opérée entre le français, l'anglais et les langues camerounaises et qui est né il y a 30 ans environ (Zang Zang et Bessaya, 2017). Si, à l'origine, le camfranglais est la conséquence d'une connaissance approximative des langues officielles, de nos jours, il est devenu un véritable phénomène linguistique à la mode tant par son dynamisme que par la liberté de création fantaisiste laissée aux locuteurs (Quéffelec, 2007 et Eloundou, 2015). Onguéné Essono (2017 : 07) affirme justement que « cette nouvelle langue, familière aux jeunes de toutes les couches sociales, permet, par son caractère hautement cryptique, une communication entre une strate sociale de la population camerounaise (jeunes ?) de toutes les régions du pays, lorsqu'ils se retrouvent en milieux urbains et ruraux ». L'artiste Maahlox fait un large usage de ce parler mixte :

(3) Après le mangement [le repas],
Tu dis que tu ne veux pas l'**écrasement** [faire l'amour] ?
Après le boivement [boisson]
Tu dis que tu ne veux pas le **nyassement** ?
(Maahlox et Phil B, *Tuer pour tuer*)

Les paroles ci-dessus sont extraites du titre *Tuer pour tuer* co-écrit avec Phil B. Derrière le mot *nyassement*, l'on entend l'acte sexuel. Cette évocation de la sexualité s'observe chez le rappeur Jovi qui a également recours aux termes consacrés dans le vocabulaire camfranglais. Il exprime ainsi, sous couvert d'une certaine restriction à la jeunesse qui lui prête une certaine pudibonderie publique ou face aux générations plus anciennes, un érotisme agressif qui pourtant ne se déguise en rien. Le mot *mbinda* apparaît alors comme un synonyme de *nyassement*. C'est ce que l'on observe dans son titre *Pimentcam* :

(4) Les do [l'argent] que tu as souffert pour dikam [manger]
Tout ça pour la jong [l'alcool] et la **mbinda**
(Jovi, *Pimentcam*)

Parigo la Pinta reste sans aucun doute le chanteur dont l'expression, quoique voilée pour les grandes élites intellectuelles, reste le plus clairement violent. Il le montre dans cet extrait de *Je veux nioxer* :

(5) J'ai envie de **nioxer**
Envie de **mboumyè**
Flop [plusieurs] de filles du quartier
C'est moi qui les **délo** [...]
Je ne blague pas avec le **nyassement**
(Parigo la Pinta, *J'ai envie de nioxer*)

L'intérêt de passer par le détour du camfranglais se justifie, selon Onguéné Mete (2012), par le fait que ce parler est encodé selon le niveau d'instruction des locuteurs. Ebongue et Fonkoua (2010) distinguent justement plusieurs niveaux de complexité du camfranglais. Ils relèvent au niveau le plus simple le « camfranglais des lettrés » constitué exclusivement de termes français et anglais. Au niveau intermédiaire, il y a le « camfranglais des moyens scolarisés » pratiqué par les lycéens. On y observe une fréquence de mots des langues locales ajoutés à ceux du français et de l'anglais. C'est la variété la plus courante qui identifie l'appartenance d'un individu à la jeunesse urbaine. Enfin, ces auteurs identifient le « camfranglais des peu scolarisés » qui se caractérise sur le plan lexical par une plus grande présence des termes empruntés aux langues identitaires et par un « néologisme débridé ». Cette liberté de création lexicale se manifeste dans l'exemple en (5) avec les mots *boumyè* et *délo* qui, là encore, renvoient autant que *nyassement* employé par Maahlox en (3) et *mbinda* dans *Pimentcam* de Jovi à l'union charnelle. Ebongue et Fonkoua (2010 : 269) concluent :

> Le péché mignon de ces camfranglais est que l'intercompréhension n'est pas assurée. Ce manque d'intercompréhension refait souvent surface : aussi les camfranglophones cherchent-ils toujours à tendre vers une variété de camfranglais qui leur permettrait d'atteindre en sécurité leurs objectifs sociaux et communicationnels.

DÉNOTATION ET REGISTRE VULGAIRE : QUAND LE CHANTEUR DÉBALLE TOUT !

Pour Aragon (1980 : 477), « l'érotisme se caractérise par sa liberté d'appeler les choses par leur nom ». Ainsi, on peut comprendre, comme l'explique Ondobo Ndongo (2019), que cela implique une évocation obscène et grotesque de la sexualité. Dans ce sens, les textes musicaux épousent librement l'impertinence. Dans son titre *Un bon plantain* duquel est tiré le couplet ci-dessous, Maahlox, tout à fait à l'opposé du discours commun reconnu à la culture africaine à travers sa sobriété et une expression imagée ou symbolique des attraits féminins ou de la toilette intime, se lance dans la description d'une volupté aux détails profondément pornographiques.

(6) N'est-ce pas **tes fesses**-là sont sorties [ont pris du volume] !
N'est-ce pas **tes petits seins-là ont grandi** !
[…] Petit matelot déchiré [culotte très courte et sexy]
String sur le côté
[…] **Petit collant sans caleçon**

(Maahlox, *Un bon plantain*)

Ici, l'artiste n'évoque pas de façon allusive une scène sexuelle mais conserve tout le pouvoir des mots pour choquer en disant les choses sans faire de circonlocutions. Une telle expression qui flatte les goûts morbides d'une perversité sans équivoque se retrouve aussi dans cet autre titre qui illustre les paroles suivantes :

(7) Dis-donc, laisse-moi je continue
Je n'ai pas de retenue
L'habit ne fait pas le moine
La couleur du string ne fait pas le contenu
Si j'ouvre ça et que ça sent
Je parfume bien les bêtises et je continue
(Maahlox, *Un bon plantain*)

Si le tabou et les interdictions maintenaient, autrefois, les esprits dans le respect de conventions langagières en matière de sexualité et définissaient l'Africain comme un être au verbe mesuré, Coulibaly (2005 : 218) déclare que de nos jours « le sexe quitte les espaces douillets de l'intimité familiale pour être un discours de l'extériorité, un discours de la place publique ». On retrouve également cette évocation licencieuse dans le titre très parlant de K-Tino *Viagra* où la chanteuse parle d'une scène sadomasochiste. Rappelons que le Viagra est un médicament aphrodisiaque.

(8) Chéri, **sonne-moi**
Je suis Viagra
Chéri, **fais-moi mal**
Je suis Viagra
(K-Tino, *Viagra*)

Les reconceptualisations sémantiques

Dans le but de nuancer la dénomination des faits relatifs à l'érotisme, on observe aussi parmi les procédés les plus courants l'usage des détournements sémantiques. En d'autres termes, si les termes utilisés relèvent d'une langue bien utilisée et comprise par tout le monde, la construction du sens, elle, ne relève pas du sens commun. Il s'agit donc d'une question de polysémie motivée par les perceptions culturelles. Diki-Kidiri (2008 : 32) affirme opportunément ceci : « Le signifié peut changer dans le temps et dans l'espace d'une même culture. » Il s'agit, dans cette section, de montrer que le signifiant existant dans le lexique français est vidé de son « sens principal », selon la terminologie de Todorov (1970), pour revêtir d'autres valeurs sémantiques. Todorov (*op. cit.*) indique que le sens premier d'un signifiant est arbitraire, donc immotivé. Toutefois, toute reconceptualisation sémantique est nécessairement justifiée par une relation d'identité ou de rapprochement avec le sens propre. Cela implique l'usage des méthodes de construction de sens telles que la métaphore. Il s'agit notamment des métaphores alimentaires. À ce propos, le baromètre du goût définit une conception sensitive de la sexualité dans la musique populaire camerounaise. Larangé (2010 : 129), dans son analyse de l'écriture érotique dans les œuvres de l'écrivaine camerounaise Calixthe Beyala, conclut : « Le plaisir de manger est alors comparable au coït. » Les métaphores alimentaires consacrées par les chanteurs sont motivées par les critères ci-après :

(9) Le goût de l'aliment (généralement très épicé) ;
La forme de l'aliment ;
Les croyances liées à la consommation de certains aliments.

Le couplet ci-après, qui est extrait du titre *Pimentcam* de Jovi, montre bien cette inscription métaphorique du domaine alimentaire.

(10) Monsieur le Président, je suis vendeuse de **gésier**
Je vends le **gésier** [...]
Vendeuse de **gésier**
C'est aussi un métier
Le **piment** que tu vois là a aussi son marché
(Jovi, *Pimentcam*)

Il faut noter que cette chanson tient son titre de ses refrains où les mots *piment* et *pimentcam* sont répétés alternativement. Dans l'argot populaire, le terme *piment* s'entend bien comme l'équivalent des mots français *chatte* et *foufoune* appartenant au vocabulaire familier et désignant le sexe de la femme. Dans cette logique, le terme néologique *pimentcam* renvoie à la pratique de la prostitution connue aussi sous la périphrase « commerce des fines épices ». Cette évocation allusive de la sexualité par l'image des épices se retrouve aussi chez Reniss :

(11) Les hommes aiment les femmes à cause de la **sauce**
Je le mets dans **la sauce**
Et je tourne **la sauce**
Dans la **sauce** !
Le piment dans la sauce !
Le condiment dans la sauce !
[...] ne mets pas **ton doigt dans ma sauce**
N'ajoute pas **le sel dans ma sauce**

Voleuse de **sauce**
Gâteuse de **sauce**
Ne touche pas à ma **sauce** !
(Reniss, *La sauce*)

Si les paroles de ce titre paraissent bien naïves, il convient de regarder le clip officiel pour se rendre compte de la supercherie. Dans le texte de l'artiste, le nom *sauce* revêt plusieurs connotations. Il désigne tour à tour l'acte sexuel dans « Les hommes aiment les femmes à cause de la sauce », et dans « Je le mets dans la sauce, je tourne la sauce », le sexe de l'homme dans « Voleuse de sauce, gâteuse de sauce, ne touche pas à ma sauce ». Pour illustrer ces dernières paroles, le vidéogramme de cette musique met en scène, dans une boîte de nuit, une femme jalouse qui s'en prend à une autre alors que cette dernière tentait une opération de séduction de son mari. Dans cette perspective, l'on peut comprendre que *la sauce* renvoie à son partenaire de plaisir. Les items *piment*, *condiment* sont des éléments d'assaisonnement qui relèvent le goût de la préparation, notamment *la sauce* dont il est question ici. Dans le texte ci-haut, ils évoquent tous les deux les plaisirs charnels. Par ailleurs, l'on remarque l'usage répétitif du terme *gésier* en (10). Il désigne *a priori* la troisième poche digestive des oiseaux. D'après la doxa, cette partie (du poulet exclusivement) passe pour être un morceau réservé aux hommes. Il s'agit, comme cela est courant dans nombre de cultures africaines, d'un tabou alimentaire qui réserve certains aliments aux « vrais hommes ». Manirakiza *et al.* (2015) qui, dans leur étude anthropologique, analysent les tabous alimentaires en rapport avec la question de genre, expliquent que l'origine socioculturelle de cet interdit n'est pas restreinte à une seule tribu. Ces auteurs (*op. cit.* 135) ajoutent que « dans un univers où le sens figuré désigne le gésier comme la partie génitale des femmes [...] celle qui le consomme est non seulement frappée de soupçon d'homosexualité mais aussi vue comme une effrontée ». À ce propos, ils déclarent :

> Chez les jeunes urbains, le gésier, au regard de sa forme, est assimilé aux parties externes du sexe de la femme. Quand un jeune homme raconte à ses amis qu'il a « frappé le gésier » d'une telle, ou quand une jeune femme vante les prouesses de quelqu'un qui « s'est bien occupé de son gésier », ces jeunes Yaoundéens usent d'un langage érotique autour du sexe féminin que seuls les adultes peuvent comprendre. (*op. cit.*145)

Par ailleurs, la forme oblongue de la banane plantain, qui se caractérise par une grosseur supérieure à celle des autres variétés de banane, est utilisée pour traduire l'idée d'un pénis en érection. C'est ce que démontre cet extrait :

(12) On dit que quand une fille commence à bouger comme ça
Refrain : elle veut **un bon plantain**
Aka [interjection], laissez-nous ça
Si l'excès de **plantain** tuait
N'est-ce pas que Nathalie[1] serait morte avec toute la marmite de **kondrè** [plat fait à base de bananes]
Qu'elle a mangée !
(Maahlox, *Un bon plantain*)

[1] Allusion à Nathalie Koah, ex-maîtresse de Samuel Eto'o, qui raconte dans son livre *Revenge Porn* les pratiques sexuelles, notamment les partouzes, auxquelles l'aurait livrée ce dernier.

Les insinuations et allusions

Tout acte de communication se fonde d'abord sur l'intention du locuteur. Si l'intention de ce dernier n'est pas reconnue par son interlocuteur, il est possible que la transmission du message ne s'établisse pas correctement. À ce propos, Gardiner (1932 : 185-186) affirme :

> II ne suffit pas au destinataire de reconnaître que le locuteur a l'intention générale de communiquer ; il veut savoir plus en détail comment se spécifie cette intention, de façon à y conformer adéquatement son attitude réceptive.

Cette déclaration suppose que l'intention de communication peut être déguisée dans le discours. Récanati *et al.* (1979) établissent que l'intention de communication peut être « ouverte », c'est-à-dire donner lieu à des interprétations multiples. Nous notons, selon le principe d'implications conversationnelles (Grice, 1975), que la compréhension explicite de l'énonciation d'un locuteur A par un interlocuteur B se fonde sur le partage d'un certain nombre de présuppositions. Récanati *et al.* (1979 : 104) observent que, dans le cas où les règles conversationnelles ne sont plus respectées, alors il y a un sous-entendu. À ce propos, ces linguistes déclarent :

> Pour qu'il y ait sous-entendu, il faut qu'il y ait violation patente des maximes et, de plus, violation inexplicable autrement que par l'intention prêtée au locuteur de faire un sous-entendu ; le fait que le locuteur enfreint les principes conversationnels de façon apparemment inexplicable est un signal

> que ces principes sont respectés à un autre niveau que celui de la communication littérale : l'infraction des maximes conversationnelles indique que le locuteur fait un sous-entendu, que son intention est « déguisée », elle joue un rôle d'embrayeur en permettant de passer du niveau de la communication littérale à celui de la communication implicite.

Ce procédé d'encodage du message sous le couvert d'allusions/insinuations peut être identifié dans les productions musicales suivantes :

(13) Tu montes, tu descends
Aujourd'hui, **je vais seulement mettre ça dedans !**
[…] **Montre-moi seulement le bout**
(Maahlox, *Tu montes, tu descends*)

(14) Le biberon de papa est trop chiche
Il donne ça seulement à maman
Tire, tire. Maman tire, tire.
(Jocelyne Biz-ar, *Le pilon*)

Dans l'extrait de *Tu montes, tu descends* de Maahlox, l'information qui est fournie par l'artiste, notamment dans les séquences en gras, est insuffisante pour permettre une interprétation explicite. « Je vais mettre ça dedans » n'est pas assez informatif du fait de la présence du pronom indéfini ça. Ce pronom indéfini n'est pas un résomptif et n'est donc référentiellement attaché à aucun item. Dans la conscience commune, lorsqu'aucune référence n'est donnée au constituant ça, il évoque alors automatiquement les pulsions sexuelles. Cette conception correspond bien à la définition que Palmade (1951 : 27) donne du ça freudien :

« Le ça est formé par l'ensemble des tendances primitives, des instincts élémentaires. Il est actif, exigeant, alogique et sexuel. »

Ainsi considéré, l'allusion que l'on peut tirer de la phrase « je vais seulement mettre ça dedans » est celle d'une invite directe à la copulation.

Avant d'analyser l'exemple en (13) que nous tenons de Jocelyne Biz-Ar, considérons d'abord cet éclaircissement de Leleu (2012 : 02-03) :

> Le terme fellation vient de *fellare*, mot latin qui signifie « téter » [...]. La fellation est pour les hommes la « reine des caresses », celle qu'ils considèrent comme la meilleure, la plus extraordinaire [...].

Il est facile de percevoir le rapport entre le sens étymologique de la fellation et les séquences « Le biberon de papa et maman tire, tire » contenues dans le titre *Le pilon* de Jocelyne Biz-Ar. Parmi les multiples définitions du biberon proposées par le *Grand Robert* (2001) dans sa version électronique, nous retenons celle-ci : « Récipient muni d'un bec, d'un goulot ou d'un tuyau permettant de boire dans une position allongée. »

Cette acception nous permet d'envisager que le process exprimé dans l'énoncé « Maman tire, tire » correspond à une succion répétée. En considérant que le biberon sert principalement à l'allaitement artificiel de l'enfant, il devient difficile de concevoir l'idée que « papa a un biberon ». Nous notons, par ailleurs, des traits de ressemblance entre le membre viril et le biberon. Le goulot peut évoquer le corps de la verge. Le bec fait, quant à lui, penser au gland sur lequel on trouve l'ouverture de l'urètre qui est un conduit pour le transport de l'urine et qui autorise aussi l'éjaculation. C'est donc un rôle d'irrigation et d'évacuation qu'assume le méat urétral à l'image du bec du biberon. Ces rapprochements morphologiques et fonctionnels entre le biberon et le sexe de l'homme permettent ainsi d'entendre derrière les paroles de Jocelyne Biz-Ar l'idée suivante : Papa est fidèle (« Le biberon de papa est trop chiche. Il donne ça seulement à maman ») et maman fait une fellation à papa (« tire, tire. Maman tire, tire »).

LES JEUX DE MOTS ET INACHÈVEMENTS

Parmi les stratégies également illustrées dans les productions des artistes camerounais, nous observons un usage, quoique peu fréquent, des jeux de mots et des inachèvements. Considérons à ce propos les extraits ci-après de deux titres de la chanteuse de bikutsi Coco Argentée :

(15) On dit que gros n'est pas gros
Petit n'est pas petit
Mais je dois choisir entre le gros ou le petit **Mbanga-là**
[...] Je n'aime pas le Mbanga-ci
Je préfère le **Mbanga-là**
(Coco Argentée, *Mbanga*)

(16) Fallait pas me toucher
Fallait pas m'allumer
Fallait faire un peu
Parce que, bébé, là
J'ai envie...
Envie de...
(Coco Argentée, *Fallait pas*)

Dans le premier extrait tiré de *Mbanga*, Coco Argentée compose un jeu de mots, notamment un calembour, sur le nom propre Mbanga contenu dans le texte et le nom commun « bangala ». Calaïna (2011 : 78) explique que le terme *bangala* est synonymique de l'organe sexuel masculin, notamment en camfranglais. Le rapprochement sonore avec *bangala* est déduit de la combinaison du nom *Mbanga* et de l'adverbe *là*. Cette hypothèse est d'autant plus plausible que l'artiste évoque dans l'exemple retenu en (15) des attributs liés à la dimension (le *gros* ou le *petit* Mbanga-là).

Dans l'extrait du titre *Fallait pas*, nous remarquons que, sur le plan syntaxique, les phrases en gras sont inachevées. En effet, les verbes *vouloir* et *libérer* respectivement dans « as voulu » et « ai libéré » devraient normalement établir un lien associatif avec un constituant assumant la fonction de complément d'objet direct et consacrer ainsi une construction transitive. S'il est vrai que la transitivité se définit généralement sur le plan syntaxique, elle intègre aussi, selon certaines conditions du discours, un critère sémantique. Ainsi, l'absence de complément dans les textes de Coco Argentée, comme le montrent les extraits en (16), s'inscrit dans la perspective d'une visée stylistique tant l'inachèvement est ici une stratégie délibérément choisie par l'artiste. Une telle interruption brusque des constructions phrastiques correspond à l'aposiopèse. C'est une figure de style qui consiste en un énoncé inachevé dont le sens reste clair. La réticence est employée pour atténuer le sens d'une expression en laissant le soin à l'interlocuteur d'en deviner la suite. L'usage de la réticence révèle une motivation contrastée : il camoufle essentiellement les termes érotiques et il constitue une espèce de silence éloquent qui à la fois suscite la curiosité et met davantage en relief l'idée sous-entendue. Dans le cas de notre présente analyse, le contexte défini par des expressions telles que « Fallait pas me toucher, Fallait pas m'allumer » permet de déduire que l'inachèvement de l'expression « J'ai envie de... » traduit le désir sexuel.

CONCLUSION

La présente étude était ancrée sur l'inscription de la sexualité dans les textes musicaux des chanteurs populaires du Cameroun. Ainsi, nous avons démontré que ces chanteurs plongent dans l'évocation tantôt déguisée tantôt grossière des pulsions sexuelles. Dans nos analyses, nous avons relevé la diversité des procédés utilisés à cette fin. Il s'agissait de stratégies aussi bien pragmatiques que stylistiques. Ces moyens employés par les artistes révèlent que l'expression de la sexualité est soit liée à l'image d'une Afrique encore ancrée dans les traditions avec leurs tabous, soit à l'idée d'une Afrique moderne libérée de certaines contraintes langagières imposées par une trop grande pudeur.

Bibliographie

Coulibaly Adama

■ « Discours de la sexualité et postmodernisme littéraire africain », *Présence Francophone : Revue internationale de langue et de littérature*, 65, 1, 2005.

Queffélec A. Anne

■ « Le camfranglais, un parler jeune en évolution : du résolecte au véhiculaire urbain », in Gudrun Ledegen. (dir.), *Pratiques linguistiques des jeunes en terrains plurilingues*, Paris, L'Harmattan, 2007, pp.93-118.

Ondobo Ndongo Annick Ghislaine

■ « L'esthétique de la liberté sexuelle dans Silikani d'Eugène Ebodé » in *Les Cahiers du GRELCEF*, n° 11. *La sexualité et ses tabous dans les fictions francophones,* 2019, pp. 121-136.

Gardiner Alan Henderson

■ *The Theory of Speech and Language*, Oxford, Oxford University Press, 1932.

Ebongue Augustin Emmanuel, Fonkoua Paul

■ « Le camfranglais ou les camfranglais ? » *Le français en Afrique*, N° 25, 2010, pp. 259-270.

Baguissogo Satra

■ *Les audaces érotiques dans l'écriture de Sami Tchak*, L'Harmattan, Paris, 2010.

Wolfgang Bender

■ *La musique africaine contemporaine*, Paris, L'Harmattan, 2000.

Calaina Théophile

■ *Les particularités lexicales du français parlé au Nord-Cameroun*, Saarbrucken, 2011.

BINAM BIKOI Charles

■ « Cartographie administrative des langues du Cameroun », Yaoundé, Editions du Cerdotola, 2012.

C'Koment Magazine, numéro de Janvier-février 2017.

LARANGÉ Daniel Sébastien

■ «D'un érotisme mystique aux enfers de la pornographie: désirs et plaisirs dans l'œuvre romanesque de Calixthe Beyala », *Fancofonia* N°19, 2010, pp. 122-143.

MANIRAKIZA Désiré

■ Paule Christiane Bilé et Fadimatou Mounsade Kpoundia, « Tout ce qui est bon est pour eux », in *Journal des anthropologues* [En ligne], 2015, pp. 133-152.

RÉCANATI François *et al.*

■ « Insinuation et sous-entendu » in *Communications*, 30, 1979, pp. 95-106.

WAFO François

■ Problématique d'une éducation à la sexualité en milieu scolaire dans les pays d'Afrique subsaharienne : L'exemple du Cameroun, thèse de doctorat, université de Blaise Pascal, Clermont-Ferrand II, 2012.

LELEU Gustave

■ *L'art de la fellation*, Leducs.S Aditions, 2012.

PALMADE Guy

■ *La Psychothérapie*, PUF, « Que sais-je ? », 1951.

GRICE Herbert Paul

■ « Logic and Conversation: implicature » in P. Cole et J. L. Morgan (eds.), *Syntax and Semantics* vol. Ill, New York, Academic Press, 1975.

ARAGON Louis

■ *Le mentir-vrai*, Paris, Gallimard, 1980.

ONGUENE ESSONO Louis-Marie

■ « Le Cameroun, un modèle de constructions linguistiques et langagières en francophonie », in *AFELSH*, 2017, pp. 1-12.

DIKI-KIDIRI Marcel *et al.*

■ *Le vocabulaire scientifique dans les langues africaines : pour une approche culturelle de la terminologie*, Paris, Karthala, 2008.

UNESCO

■ *Musiques africaines : nouveaux enjeux, nouveaux défis*, Organisation des Nations Unies pour l'éducation, la science et la culture, Paris, 2005.

NGO NLEND Nadège Laure

■ « Voix féminines de la chanson au Cameroun : émergence et reconnaissance artistique », in *Productions culturelles africaines contemporaines*, 2012, pp. 177-196.

CHARAUDEAU Patrick

■ « Identité linguistique, identité culturelle : une relation paradoxale », consulté le 13 janvier 2020 sur le site de *Patrick Charadeau-Livres, articles, publications* (2009).
- http://www.patrick-charadeau.com/Identite-linguistique-identite.html.

ZANG ZANG Paul, BISSAYA BESSAYA Euloge Thierry

■ « Dynamique des langues au cameroun : entre glottophagie et émergence », in *Langues&Usages*, N°1, 2017, pp. 33-45. 1e Version électronique du *Grand Robert* (2001)

COURTOIS Robert

■ « Conceptions et définitions de la sexualité : les différentes approches », Annales Médico-psychologiques, *Revue Psychiatrique*, Elsevier Masson, 1998, pp. 613-620.

ONGUENE METE, T. N. Tony Noel

■ « Influence du lexique verbal du camfranglais dans le processus d'acquisition du français de scolarisation chez les jeunes de Yaoundé. », *Actes en ligne de DoSciLa 2012 Linguistique et métiers de la traduction*, Mars 2012, Paris-Diderot, pp. 1-5.

TODOROV Tzvetan

■ *Introduction à la littérature fantastique*, Paris, Seuil, 1970.

ELOUNDOU ELOUNDOU Venant

■ « Camfranglais et français populaire au Cameroun : convergences et divergences du point de vue linguistique » in Blumenthal, P. (dir.), *Dynamique des français africains : entre le culturel et le linguiste*, Frankfurt am Main : Peter Lang, 2015, pp. 273-286.

La figure du zombie comme concept politique et esthétique dans le rap francophone d'Afrique subsaharienne : de Valsero à Didier Awadi

Laude Ngadi Maïssa
University of KwaZulu-Natal

Résumé

Cette réflexion s'intéresse à la représentation du zombie dans le rap francophone d'Afrique subsaharienne. La lecture des formes poétiques du genre prolonge la connivence entre les savoirs ethnographiques et les discours artistiques convoqués dans la perspective d'une esthétique de la liberté. Les prises de position antithétiques dans les œuvres, illustrées par les figures du monstre et de l'animalité, montrent la paranoïa sociale et identitaire qui règne dans les pays de « régimes semi-autoritaires » d'Afrique.

Mots-clés

Rap, zombie, esthétique, Afrique subsaharienne, conservation du pouvoir, liberté.

Dans sa thèse de doctorat, Alice Aterianus-Owanga analyse entre autres la prégnance des discours politique et religieux dans le rap gabonais. Elle défend que celui-ci permet aux rappeurs de manifester une « authenticité musico-religieu[se] » afin de marquer « une adaptation locale de la notion d'egotrip, relue au prisme du pouvoir mystique » (2017 : 208). Cette conclusion, tirée à partir d'une démarche anthropologique et sociologique, se situe dans la tradition des approches critiques consacrées aux arts africains comme porteurs d'un savoir endogène. Elle conclut à ce titre que « la métaphorisation des objets religieux participe finalement d'un projet plus large de repossession de soi et de construction identitaire » (*Idem*). Or, s'il est évident que les arts africains témoignent des savoirs politiques et des pratiques spirituelles particulières, il apparaît qu'ils présentent aussi des dispositifs capables de révéler des formes esthétiques. Ces dimensions indissociables sont notamment perceptibles à partir des figures symptomatiques du diable très prégnantes dans le corpus de rap francophone d'Afrique subsaharienne.

Présentée sous plusieurs formes et divers noms (fantôme, mamiwata, vampire, mort-vivant, revenant, *etc.*), elle s'apparente au « produit de l'imagination africaine qui convertit en cette entité chrétienne le fantôme, le revenant, [...], que nous pouvons traduire également par zombie » Tonda (2005b : 172). Outre cette adaptation des imaginaires religieux qui fait du personnage diabolique une incarnation du Mal par excellence, sa récupération dans le rap témoigne également d'une reconfiguration de l'imaginaire politique et social. La figure du zombie fait particulièrement autorité en raison du contenu conceptuel que lui donne le rappeur camerounais Valsero. Pour celui-ci, le zombie est un sujet victime de la « violence psychologique » instaurée par des régimes politiques hybrides issus du « mélange de "démocratie, de dictature et de monarchie" » et de la « zombification accentuée par l'Occident » Marzin (novembre 2016 : en ligne). De fait, aussi bien chez Tonda que chez Valsero, la représentation du zombie présuppose une construction mentale, historique et sociale ; elle exprime un imaginaire spirituel et sorcellaire transmué par un processus d'inertie politique. C'est dans ce cadre que nous nous proposons d'étudier cinq morceaux[1]– *Blindé* (2007) de Lestat XXL, *Zombie* (2013) de Maître Gims, *Pharaons et fantômes* (2015) de Youssoupha, *Mamiwata* (2018) de Didier Awadi et *Zombie* (2019) de Valsero – qui font du zombie, chacun à sa manière, une figure esthétique.

La notion de figure esthétique vise à saisir, à la suite de John Vervaeke, Christopher Mastropietro et Filip Mascevic (2017 : 13-17), l'imaginaire et la nature du zombie[2]. Pour ce faire, nous proposons une « réflexion allant dans le sens d'une *esthétique du discours* » qui consiste à lire les « figures de formes » et des « figures du discours » Poiana (1994 : 24). À cette démarche, nous associerons tantôt une lecture des

[1] Nous ne retenons ici que les œuvres qui, dans les titres, font allusion à une figure démoniaque ou à une pratique visant à contrecarrer l'action démonique. Les œuvres de ces artistes natifs ou originaires des pays d'Afrique noire se situent ainsi dans le fondement rapologique afro-américain qui associe « sacré et profane » : « Depuis ses origines, la culture noire américaine a toujours envisagé la frontière qui sépare le sacré du profane comme labile et perméable, n'hésitant jamais à faire transiter des pans entiers de sa poétique d'un domaine à l'autre pour les amalgamer. À tel point que, selon la linguiste Geneva Smitherman, la culture afro-américaine développe une sorte de "continuité circulaire" qui annule toute véritable dichotomie entre le sacré et le profane » (Béthune, 2003 : 185).

[2] Ces trois critiques présentent huit caractéristiques de la nature des zombies : les zombies ne parlent pas ; les zombies sont communautaires ; les zombies sont sans abri ; les zombies mangent le cerveau ; les zombies sont affreux ; les zombies ne sont pas mauvais (en soi) ; les zombies sont insouciants ; les zombies sont intouchables. (Nous traduisons).

imaginaires anthropologiques reflétant le « contentieux matériel » qui traduit les « enjeux de vie et de mort constitutifs du système du Souverain moderne en Afrique » (Tonda, 2005a : 140), tantôt une analyse de « l'esthétique de la liberté » Nemo (2014). Dans cet élan, nous nous interrogeons sur « le fait que la liberté puisse être "belle" ou "laide" » car « beauté et liberté sont des idéaux que l'on doit rechercher inconditionnellement, et qui sont proches et voisins, à cet égard, de ces autres idéaux de l'esprit que sont la vérité et le bien » puisque « quiconque ne les poursuit pas n'est pas vraiment homme » Nemo (2014 : 9 et 11). Lire l'esthétique de la liberté nécessite dans ce cas de tenir compte des dimensions morale et humaniste inscrites par les artistes dans leurs œuvres. Nous suggérerons alors que l'esthétisation du zombie correspond à un besoin de sensibilisation qui sert à militer pour l'éveil des consciences populaires. Les six niveaux de signification que nous présentons, dans les deux parties de cet article, mettront en lumière les dispositifs esthétiques de la zombification.

Les identités du zombie

La zombification : une fabrique politique de l'homme-zombie

La figure du zombie apparaît comme le fruit d'un ensemble de violences physiques et psychologiques des dirigeants des « régimes semi-autoritaires » sur des populations assujetties et craintives des autorités politiques (Hilgers et Mazzocchetti, 2010 : 5-13). Elle est définie à partir d'un ensemble de comportements inhérents aux dirigeants tyranniques et aux peuples soumis. Selon

Valsero, ce personnage est la conséquence d'un processus de zombification par lequel les gouvernants de différents pays mettent en place des systèmes politiques complexes dans le but de s'éterniser au pouvoir. Le rappeur nomme ce mode de gouvernance « la conservation du pouvoir » :

> L'un des problèmes avec la conservation du pouvoir, c'est l'effet que ça a sur les populations. Pour conserver le pouvoir, il faut zombifier les populations [...] c'est-à-dire qu'il faut rendre les populations totalement inertes à leurs propres souffrances, il faut rendre les populations impuissantes, il faut leur démontrer qu'elles ne peuvent rien faire pour pouvoir améliorer leurs conditions de vie. (Dipita Tongo, février 2016 : minutes 15-18)

Le zombie dans ce cas renvoie à la frange de la population qui renonce, à force de pressions et de manipulations politiques, à lutter contre les violences psychologiques et physiques initiées par ces régimes politiques. Les sombres projets des politiciens seraient à l'origine de la fabrique de l'homme-zombie. Cette figure manifeste donc le lien coercitif entre les dirigeants tyranniques et les populations qui se désengagent, elle exprime « zombification mutuelle des dominants et de ceux qu'ils sont supposés dominer [car elle] les conduit à se déforcer réciproquement et à se bloquer dans la connivence, c'est-à-dire dans l'*impouvoir* » Mbembe (2000 : 142). La zombification impliquerait l'acception de l'anormalité par les dirigeants et les populations qui s'accommoderaient de cette situation.

Les artistes remettent en cause le chaos social dans tous les pays de l'Afrique noire présentés comme des cités hors la loi qui stagnent depuis les indépendances : « Pas de lois, pas de foi, ici il n'y a pas de codes » (Awadi). Ils critiquent dès lors « le système ou les Français » qui, en raison de la politique de la Françafrique[3], placent des administrateurs néocoloniaux faisant fi des aspirations du peuple à la liberté et à la démocratie. Youssoupha note que si « tu veux savoir qui te dirige [...] regarde tous ceux que tu ne peux pas critiquer [...]. La Françafrique : quand il pleut à Paris, on est mouillé en Afrique noire ». La situation politique et l'absence de progrès dans ces pays trouveraient leurs origines dans les alliances secrètes entre les dirigeants africains et l'Élysée. D'une part, la France maintiendrait sa mainmise sur ses anciennes colonies en s'ingérant politiquement, militairement et économiquement : « le pouvoir n'appartient pas à ceux qui gagnent les élections, mais à ceux qui gagnent la guerre » (Youssoupha) ; d'autre part, les présidents africains soutenus et élus avec l'aide de la diplomatie française ne se préoccuperaient guère du bien-être des populations. En affirmant « Tu parles de la paix dans la souffrance », « Tu votes le parti au pouvoir », Valsero s'en prend aussi bien aux présidents qui perdurent au pouvoir en maintenant une politique de

[3] Selon François-Xavier Verschave, qui révéla les scandales des relations privilégiées entre la France et ses anciennes colonies en 1998, « le terme désigne la face immergée de l'iceberg des relations franco-africaines ». [...] Ébranlée en 1990 par la poussée démocratique et les "Conférences nationales souveraines", la Françafrique a très vite conçu tout un arsenal de manipulations constitutionnelles et de truquages des scrutins permettant de transformer le rejet électoral massif des dictatures en un assentiment. Ce double langage (l'aide française finance les élections ; les réseaux inversent les résultats) a eu un effet profondément débilitant : ont été ainsi été légitimées les dictatures togolaise, camerounaise, gabonaise, tchadienne, guinéenne, mauritanienne, djiboutienne, comorienne, congolaise... » (2003 : 221-223).

paix tout en gouvernant par la violence qu'au peuple qui se résigne. Maître Gims décrit parfaitement ce processus de zombification dans sa participation au remix de *Guerilla* de Soolking, dont l'album s'intitule *Le Fruit du démon* :

> Le temps qu'les gens réalisent, mon bled est tombé dans l'vide
> Un peu difficile à dire, enivré par la musique
> Enivré par la 'sique, un gouvernement qu'on n'ose pas contredire
> Attentat, coup d'État sur un coup d'tête entre père et fils
> Pendant ce temps, dans une ville, ça parle de livres sterling
> Je vois les enfants de Kinshasa entre la vie, la mort, l'agonie
> L'or, le diamant, le gaz, le coltan, ces produits qui nous détruisent
> Les casques bleus, putain, tous travaillent chez nous, on ne voit toujours pas les fruits
> Tu m'diras, certainement, qu'c'est la vie, ces aléas
> On s'égare, tout doucement, on devient des aliens.
> (2018)

La chute du couplet sur le motif de l'alien évoque aussi bien l'individu devenu une sorte d'extraterrestre, étranger à la souffrance et à la condition humaine, que la personne aliénée par tout ce qui se déroule autour d'elle et qu'elle subit impuissamment.

LES COMPLEXES IDENTITAIRES ET SOCIAUX DU ZOMBIE

Le complexe d'infériorité chez le sujet construit par ailleurs la figure du zombie. Les rappeurs mettent en avant la représentation mentale des individus marqués par une absence d'estime de soi. La cause de ce mal-être intérieur serait l'acclimatation du peuple au système d'abrutissement totalitaire, c'est-à-dire l'acceptation d'être les sujets des dirigeants et de se sentir moins important que les Occidentaux souvent idéalisés. Le propos des rappeurs pourrait alors s'inscrire dans la logique de déconstruction du « complexe du colonisé » : ceux-ci se donnent pour ambition de lutter contre les discours d'aliénation psychique et de stigmatisation du Noir hérités du système colonial. En effet, les descendants des peuples colonisés mépriseraient leurs cultures et leurs identités car ils imiteraient au quotidien les manières d'être et de se comporter des anciens maîtres. Ces artistes produisent donc un discours à valeur de violence symbolique qui – comme le faisait observer Fanon – a pour but de « débarrasser le colonisé de son complexe d'infériorité, de ses attitudes contemplatives ou désespérées » (2002 : 90) envers les Occidentaux.

En ce sens, lorsque Youssoupha déclare qu'il veut, dans le cadre de « l'album [qui] s'appelle *Négritude* », reprendre à « César ce qui appartient à Césaire », il manifeste le désir de se réapproprier une identité et une culture des pères du mouvement convoqué. À la suite de Césaire, il critique le processus de dénaturation identitaire et de désidentification culturelle causé par la colonisation. Il souligne : « Quelques complexes qu'on traîne sous le manteau/ Et dans nos têtes, on s'entraîne même à être des Occidentaux [...] Mon identité, j'essaie de faire le pas [...] Intègre-toi, oublie tes cultures et ferme ta gueule ». Ce passage pourrait être lu parallèlement avec celui du *Discours sur le colonialisme* : « Je parle de millions d'hommes à qui on a inculqué savamment la peur, le complexe d'infériorité, le tremblement, l'agenouillement, le désespoir, le larbinisme » Césaire (1955 : 8). L'artiste fait allusion à une sorte de continuité métamorphosée par laquelle on exigerait, dans la société française contemporaine, à l'Afrodescendant de s'intégrer et de renier son identité africaine. On peut aussi percevoir une critique du prolongement des violences perpétuelles dans les sociétés africaines, comme le note Naumann : « la traite négrière, la colonisation et les dictatures ont voulu domestiquer et zombifier les corps » (2001 : 55).

En conséquence, le zombie se caractérise par une crise de valeurs, par une incapacité à prendre ses responsabilités. Il y aurait chez lui une crise des référents identitaires, moraux et éthiques car il serait facilement « manipulable ». Aussi Valsero évoque-t-il la perte de « tous les repères » chez le sujet qui ne « pense plus [mais] dépense ». Le rappeur ajoute que le zombie se caractérise par une altération de la conscience : avec la métaphore de l'enterrement de l'intelligence – « C'est la terre dans ton cerveau » – il affirme que celui-ci souffre du « syndrome de Stockholm », c'est-à-dire de ce sentiment d'empathie et d'identification des otages ou des prisonniers envers leurs geôliers afin d'assurer leur survie. En manifestant leur sympathie envers des bourreaux qui les instrumentalisent et les manipulent mentalement, le peuple se transforme en zombie social. La sémiotisation politique du zombie se présente comme une indifférenciation par laquelle les sujets dominants et dominés partagent le même lot d'être des « zombies [qui] mangent les cerveaux » Vervaeke *et al* (2017 : 14).

LE ZOMBIE : UN SUJET POSSÉDÉ ET PARANOÏAQUE

Le zombie correspond en outre à un possédé manipulé par des esprits démoniaques ou par un double qui a pris la maîtrise de son corps. Il s'agit dans ce cas d'un individu en lutte entre deux forces, positive et négative, de sa propre personnalité. Généralement victime du mauvais sort, il est sous le contrôle des entités qui prennent mystiquement possession de toutes ses capacités intellectuelles. Lestat XXL évoque ainsi l'idée d'une personne « bizarre » dépourvue de toute lucidité : « Je crois que tu as des symptômes du becté ». Lestat attribue ces symptômes à la présence d'un double qui serait distinct de la personne elle-même : « On dirait qu'on te suit le soir » ; il fait référence à la présence surnaturelle : « Trop de nixe pour que ça soit naturel ». De son point de vue, la zombification est l'œuvre des « experts en mystique et en astral » qui, en raison de « la jalousie [qui] naît [en eux] quand [ils] voi[ent] que d'autres vivent bien », vont pratiquer la sorcellerie.

Le but de ces pratiques est de distiller le venin de la malédiction et de la malchance sur la personne visée. Joseph Tonda présente ce phénomène comme celui de la dissection du *muntu*, de la séparation des choses du « corps » et de la « personne » perçues ici comme « deux entités différentes mais inséparables, car leur séparation entraîne la mort, la malchance, la maladie, la folie, l'échec, l'infortune, etc. » (2005a : 146). La zombification se présente comme un processus de dislocation entre ces deux aspects constitutifs de l'Être ; elle provoque une rupture dans la reconnaissance de l'identité physique et mentale du sujet puisque « la personne n'est plus reconnue comme apte à remplir les fonctions sociales qui sont les siennes, par exemple en tant que chef d'entreprise, chef de l'armée, ministre, vedette de cinéma, professeur d'université, "belle femme" » (*Idem*). Le zombie est donc celui à qui on aurait volé le corps et toute capacité d'excellence.

Dans une autre perspective, le zombie correspond à un être paranoïaque, c'est-à-dire un sujet victime des troubles mentaux qui se manifestent par un sentiment excessif de méfiance, de menace ou de persécution envers soi-même ou envers les autres. Maître Gims, dans un refrain autoréflexif, se présente comme un « parano ». En s'auto-désignant ainsi, il souligne la déchirure intérieure de son être qui perd la maîtrise de soi : « T'es manipulé par un autre/Tu n'es que dans l'ombre de toi-même/Ta raison se déchire ». Dans cette optique, il serait sous l'emprise d'un autre qui dirigerait ses actions et qui altérerait son raisonnement. Le zombie ne serait donc pas libre de ses actions, celles-ci étant faussées par la présence parasitaire d'un autre moi négatif et dominateur qui lui révèle son incomplétude[4]. La présence de ce double est illustrée dans le clip vidéo par une lutte entre deux entités : un visage défiguré de l'artiste et une forme lucide de lui-même qui tente de fuir ou de s'en délivrer.

Dans les deux aspects, les artistes montrent un sujet en

[4] En commentant la conception de la paranoïa chez Janet, Jacques Lacan résume les « différentes variétés du *sentiment d'incomplétude* » en ces termes : « incomplétude dans l'action, où se rencontrent les sentiments de difficulté, d'inutilité de l'action, puis d'automatisme, de domination, de mécontentement, d'intimidation, de révolté ; – incomplétude dans les opérations intellectuelles : où se rangent les sentiments d'étrangeté, de jamais vu, de fausse reconnaissance, de doute ; – incomplétude dans les émotions ; – et enfin dans la perception de sa propre personne : soit étrangeté du moi, dédoublement, dépersonnalisation » (1975 : 132).

manque d'indépendance : sa logique d'analyse est brouillée par l'omniprésence de son autre Moi. La lutte intérieure entre la conscience et le subconscient, qui tentent respectivement de prendre le dessus, est exprimée par l'alternance entre les pronoms « tu » et « je ». L'alternance entre un sujet actif et un sujet passif manifeste la confrontation entre la « conscience » qui « conseill[e] » et le « subconscient » qui « déconseill[e] » (Gims). S'il existe une différence dans la manière d'exprimer cette rupture de la personne – chez Lestat, le zombie est sous l'emprise d'une entité qui lui est étrangère alors qu'il s'agit chez Gims du double du même – celle-ci est néanmoins communément symbolisée par le jeu de l'ombre et de la lumière. Ce jeu de couleurs illustre le duel entre le bien et le mal, le mal étant alors l'incarnation de tout ce qui maintient le sujet dans l'obscurantisme. Gims chante ainsi que le zombie est « manipulé par un autre qui [lui] laisse croire que le monde est noir » afin qu'il soit « perdu dans un brouillard ». La dualité entre l'ombre et la lumière rend compte de la manipulation du moi négatif prenant le contrôle de l'Être entier afin de tantôt le tromper en faisant passer l'illusion pour le réel, tantôt lui présenter la médiocrité et le mal comme la norme.

Le déchirement psychologique et sémiographique montre alors que le sujet est dans une impasse qui l'empêche souvent de pouvoir décider de son destin. Il se trouve dans l'ombre de son autre Moi. Nous sommes en présence d'un antagonisme similaire à « la magie de la lumière dans les films expressionnistes […] qui répond bien à un besoin profond de l'âme faustienne […] de s'abandonner aux espaces brumeux et de voir symboliquement s'opposer les forces du Bien et du Mal » (Blain, 1963 : 6). Par conséquent, l'objectif du zombificateur est d'empêcher l'Autre d'atteindre la lumière, et donc le Bien. Lestat souligne que l'envoûtement vise justement à l'« empêcher de briller » et à créer la psychose dans la société. Dans le commentaire de la publication sur YouTube, il précise que ce morceau « décrit les procédés mystiques de personnes mal intentionnées au Gabon et en Afrique en général ainsi qu'une certaine paranoïa qui règne » (2019). Pour sa part, Awadi indique que les hommes politiques « veulent [les faire] plier [afin que] personne ne [puisse] briller ». On remarque que le zombie est un être qui manque du divin, il est plongé dans l'obscurité.

LES FORMES ET LES FIGURES ESTHÉTIQUES DU ZOMBIE

S'OPPOSER AUX ZOMBIES : L'ANTITHÈSE IDÉOLOGIQUE

D'un point de vue idéologique, les rappeurs du corpus cherchent à se distinguer de certains de leurs confrères qu'ils identifient comme les zombies. En effet, les premiers s'opposent clairement à d'autres présentés comme les rappeurs du pouvoir ou comme ceux qui prolongent la logique de zombification du peuple. Ils s'en prennent, comme le souligne Valsero, aux artistes et aux politiques qui utilisent « l'art pour endoctriner le peuple » :

> Ça veut dire qu'il faut très vite mettre de côté le côté éducation, le côté formation qui existe dans la musique et mettre en avant le côté divertissement et le côté dépravation des mœurs. Et il faut démontrer aux artistes que si vous faites ce type de musique, vous pouvez être des stars dans votre

> environnement, mais si vous faites cet autre type de musique, ça n'arrivera jamais. (Dipita Tongo, février 2016 : minutes 16-17)

La musique promue par ces régimes serait comparable aux arts de la propagande. Il existerait un antagonisme entre les artistes qui font la musique consciente et ceux qui produisent des chants récréatifs, de l'ordre de la paupérisation mentale. Il y aurait de fait le camp des zombies et celui des contestataires. Didier Awadi souligne que « quand on dit qu'on est ensemble on est dans la merde/Un pour tous tant qu'on est tous dans la merde ». De son point de vue, admettre l'indifférenciation reviendrait à rompre la distinction entre ceux qui luttent et ceux qui adhèrent à la vision des hommes politiques. Or, cette position antithétique, qui ne manque pas de rappeler le lieu commun de la distinction entre le rap *underground* ou *hardcore* et le rap *entertainment*, est mise en valeur par une opposition discursive.

Les rappeurs à l'étude conseillent à leurs confrères de faire le choix de la responsabilité en prenant position dans les débats de société et en posant des actes positifs. Le bon choix est celui de l'engagement, de l'action qui mène à une grandeur quasi éternelle : « Quel est mon grand rôle ? Pharaon *ou*[5] fantôme ? » se demande Youssoupha ; « on a le choix soit les urnes soit la violence » suggère Awadi. En appelant au choix de la démocratie et de la liberté, ces rappeurs se mettent du côté du peuple afin de le pousser à combattre l'ignominie des gouvernants. Il faudrait en clair revêtir la tenue du combattant en puisant la force dans ses

[5] Nous soulignons.

compétences personnelles, comme chez Youssoupha : « Je combats avec mes armes » ; dénoncer ceux qui collaborent avec les autorités : « Seuls les traîtres parmi nous iront les prier » (Awadi) ; tracer le chemin de l'engagement artistique à l'opposé du rappeur qui se dit « apolitique » et qui garde le « silence » : « Vous définir, où est ta place ? [...] j'suis opposant, opposé aux diktats des dictatures [...] Je suis opposant convaincu d'avoir fait le bon choix [...] Et ça fait peur à mes rivaux » (Valsero).

Le ton injonctif de ces derniers rappeurs met en avant une absence de conscience révolutionnaire chez leurs collègues qui refusent de se liguer contre les pouvoirs autoritaires. Ils dénoncent la compromission de ceux-ci ainsi que le dessein des dirigeants qui sème discorde et zizanie au sein de la communauté artistique. En s'adressant aux autres rappeurs, Valsero les prie de se ressaisir puisqu'ils auraient eux-mêmes conscience d'être en insécurité : « Tu rêves des gloires mais fais gaffe partout [...]/T'es en galère contre toi-même ». Ce sentiment de malaise proviendrait d'une connaissance des problèmes sociaux causés par la mauvaise gouvernance. La démarche de lutter contre les rappeurs-zombies appelle alors « l'écosophie » qui implique « la nécessité d'un engagement qui ne puisse être dénoncé comme simple production de jouissance éthico-esthétique » : elle « fait partie de l'efficace du système sorcier auquel nous avons affaire » puisqu'il « n'a pas son pareil pour diviser ceux qui veulent l'affronter, y compris chacun à l'intérieur de lui-même, jugé par lui-même au nom de cette urgence à la hauteur de laquelle on n'est jamais » (Pignarre et Stengers, 2005 : 165). L'opposition entre rappeurs des majorités au pouvoir, ceux qui cherchent inéluctablement le succès populaire, et les rappeurs militants qui espèrent un avenir meilleur par la contestation, dit *in fine* que les premiers doivent faire tomber leur masque et être vrais, authentiques, originaux.

La théâtralisation du conflit social : une esthétique de la monstruosité

La distinction entre rappeur engagé et rappeur-zombie est en outre figurative. La théâtralisation dans les clips vidéo met particulièrement en valeur le contraste vestimentaire et l'action des personnages. On peut observer qu'il y a, dans la mise en scène, les bons d'un côté et les mauvais de l'autre. Visuellement, le clip de Valsero met en opposition son personnage pourchassé par des zombies qu'il combat dans une cabane isolée. Ces monstres, représentés à partir des archétypes des revenants ou des fantômes des films thrillers, « portent dans le même temps des masques, des déguisements, à défaut de frotter du kaolin et de l'argile sur le visage et le torse » (Ngadi Maïssa, 2017 : en ligne). Le clip d'Awadi oppose clairement les hommes politiques arrogants et vêtus de costumes noirs, en situation de campagne électorale, au camp du rappeur portant des vêtements traditionnels de couleur blanche. Le rappeur joue simultanément le rôle d'observateur et d'acteur social aux côtés des personnes méprisées. Il est par ailleurs le sacrificateur qui tisse les liens avec la divinité des eaux pour l'implorer d'intervenir. Dans la vidéo de Youssoupha, les figurants qui le suivent portent tous des bandanas sur la bouche ou au cou. Un acte qui pourrait signifier qu'à l'opposé du rappeur franco-congolais constitué en guide, la rébellion de son entourage est factice car elle demeurerait encore sous les chaînes métamorphosées de l'esclavage et de la colonisation. Deux raisons peuvent expliquer cela : la première est qu'il serait le seul à essayer d'être libre car ne pas porter ce foulard, objet qui permet de devenir « un membre de la bande » (Ron, 2018 : e-book), signifie s'exclure de la masse et affirmer son indépendance ; la seconde serait que sa démarche pour la libération n'est pas acquise dans la mesure où il se voit, semblable aux autres, comme « un descendant d'esclave qui bosse dans un champ de coton-tige ».

La représentation visuelle du monstre est une forme d'antiesthétique : elle montre l'envers du décor, ce qu'il y a de laid chez le zombie. En tant que figure de l'étrangeté, le zombie évoque donc une esthétique de la monstruosité au sens où le monstre sert à prédire et à faire voir de manière spectaculaire un fait dont on n'a pas encore pris la pleine mesure du danger :

> Si donc de *monstrare*, nous remontons à *monstrum*, pour en retrouver le sens littéral, effacé par l'emploi religieux, nous voyons que *monstrum* doit être compris comme un « conseil », un « avertissement » donné par les dieux. Or les dieux s'expriment par des prodiges, des signes qui confondent l'entendement humain. Un « avertissement » divin prendra la forme d'un objet ou d'un être surnaturel ; comme dit Festus, « on appelle *monstra* ce qui sort du monde naturel, un serpent qui a des pieds, un oiseau à quatre ailes, un homme à deux têtes ». (Benveniste, 1989 : 257)

Dans ce contexte, l'esthétique du monstre aurait pour but d'avertir les hommes politiques et leurs alliés rappeurs des conséquences qui pourraient advenir s'ils ne considèrent pas les différents conseils. Elle permet dans le même temps de dénoncer l'emprise du « système capitaliste et des valeurs matérielles » qui repousse toutes les limites de l'humanité puisque l'imaginaire des artistes est « le produit d'une limite rencontrée par des sujets dans leur compréhension du monde » (Tonda, 2005a : 140). Représenter la figure imaginaire du zombie revient donc à notifier son extrême réalité.

En se situant comme des libérateurs qui apportent une épiphanie sociale, ces rappeurs manifestent la singularisation de l'individu dans la société démocratique. La théâtralisation du zombie indiquerait que chaque citoyen doit pouvoir s'affirmer comme une « personne » indépendante et libre, capable de prendre son destin en main. Nous sommes dès lors en présence de la connivence entre la dramaturgie et le sens philosophique de la liberté. Dans ce modèle de la dramaturgie démocratique que théorise notamment Cicéron, « la vie de chaque homme cesse alors d'être un *destin* pour devenir une œuvre » (Nemo, 2014 : 54) :

> Tout être humain, dit-il, possède en lui, outre la nature humaine qu'il a en commun avec tous les autres hommes, une nature qui lui est propre, sa « personne ». En latin, le mot *persona*, « porte-voix » (l'appareil qui était intégré dans le masque des acteurs, leur permettant d'être entendus au loin dans les théâtres antiques de plein air), désigne par métonymie (comme d'ailleurs *prosôpon)* le personnage même qui porte le masque (Nemo, 2014 : 52).

De fait, les citoyens de la cité démocratique doivent agir comme les acteurs d'une pièce de théâtre : outre le fait de partager la « même nature humaine universelle », chacun doit pouvoir assumer son propre et unique rôle afin de se différencier de tous les autres. Il s'agit dans ce cas de valoriser l'individu dont l'action impactera singulièrement la collectivité. En ce sens, celui-ci doit affirmer sa particularité afin de rendre compte d'une « beauté qui lui est personnelle » en plus d'un humanisme universel qui se forge à l'opposé des critères stéréotypés d'une beauté liée à la nature humaine.

En tant que porte-voix du peuple, le but des artistes résistants aux différents régimes contribuant à la momification des populations est de conduire ces derniers à la distinction dans les sociétés démocratiques. La théâtralisation du zombie illustre une représentation en faveur de l'humanisme ; elle évoque une esthétique du pire, c'est-à-dire une esthétique qui fait allusion aux événements horribles que les populations vivent « presque chaque jour sous forme de messages, de nombres et bien sûr d'images en flux tendus. Tout cela reste dans une immatérialité dont on sait bien que le référent est horrible, intenable. Mais chacun sait aussi que *trop, c'est trop* » (Conte, 2011 : 11).

ESTHÉTIQUE ANIMALIÈRE : L'AMBIVALENCE D'UNE DÉLIVRANCE POSTCOLONIALE

Les diverses voies de libération proposées par les artistes consistent, sur le plan politique, à pousser les dirigeants à la démission ou le peuple à la révolte et, sur le plan spirituel, au désenvoûtement ou à la protection spirituelle. Ces deux directives peuvent être interprétées à la lumière de la métaphore animalière, très présente dans les œuvres.

Pour ne prendre que quelques exemples, Youssoupha assimile les Occidentaux aux « loups en costard », Valsero compare la figure type du zombie au « charognard » alors qu'Awadi se présente comme « l'oiseau de mauvais augure ». Cette animalisation du zombie rend lisible un parallélisme paradoxal entre le désir de changement et la revendication d'un passé héroïque.

En effet, cette allusion animalière exprime en quelque sorte le macro-récit du statu quo de l'Afrique. La répétition des expressions « on attend » et « on a le temps » dans le titre d'Awadi est la parfaite illustration d'un renoncement à s'impliquer comme des hommes politiques à même d'acter la révolution. Les rappeurs se limitent au rôle d'activistes et d'éveilleurs de conscience. Leurs propos manifestent clairement une tendance à la procrastination, comme chez Youssoupha : « Je suis en deuil, j'attends le prochain défi de mon continent ». Pour ce dernier, il s'agit d'une part de se réapproprier l'histoire de « nos vertus, nos grandeurs, toutes nos conquêtes/Tout c'qu'on a perdu, nos rancœurs, notre contexte » tout en poursuivant les combats des pères des indépendances comme Thomas Sankara dont il sample le discours.

En se revendiquant de la Négritude, et donc d'une Afrique ancienne dont le mouvement a spécialement argué la grandeur mythique, Youssoupha a conscience qu'il fait partie de ces « rois et reines sans trône, pharaons *et*[6] fantômes ». Ces propos font percevoir l'ambivalence du positionnement du sujet contemporain qui doit trouver des repères pour initier son action et, en même temps, réaliser

[6] Nous soulignons.

que son combat est pratiquement vain.

Le pessimisme préside alors les actions de chacun comme dans ces vers de Gims : « Les gens me disent "l'espoir fait vivre"/Comment me faire vivre, je suis un zombie ». Les actions de ces révolutionnaires se situent dans une vision passéiste et défaitiste car l'animalisation contribue à « réaffirmer la dignité de l'homme noir et la valeur des cultures noires et africaines » en s'inspirant des courants tels que la « kemitologie » ou la « mvettologie » pour défendre l'idée de « réafricanisation » des langues, des cultures et des sociétés postcoloniales africaines (Aterianus-Owanga, 2017 : 297).

En raison d'un manque d'espoir et d'assurance, ces rappeurs se tournent vers l'évocation des divinités. Que ce soit au niveau politique ou psychologique, ils suggèrent que les solutions viendraient des pouvoirs surnaturels. Pour se délivrer des mauvais dirigeants, Awadi préconise de se tourner vers le pouvoir occulte de Mamiwata. À un concert, il explique au public l'enjeu de sa chanson :

> Vous connaissez Mamiwata ? C'est la déesse des eaux. C'est Mammy Water, l'eau. Et nous on a décidé de demander à Mamiwata de punir sévèrement tous ceux qui sont à la tête de nos États et qui nous agressent. C'est une prière à Mamiwata, parce que ces gens-là ils ont du fric, des femmes, des belles voitures, mais ils oublient une chose, […] nous on a le Mamiwata. (Awadi, 2018 : première minute)

En envisageant la solution sous le mode de la prière et de l'invocation spirituelle, le rappeur sénégalais pourrait vouloir signifier que la solution à tout problème se trouverait dans l'au-delà. Il s'agit de fait d'exorciser les démons des dirigeants qui gouvernent les esprits du peuple. Nous sommes de fait en présence de la médecine des peuples animistes qui englobe les « pratiques occultes passant par le canal d'objets, de paroles, d'animaux et de supports matériels, regroupés fréquemment autour du terme "fétiche" » (Aterianus-Owanga, 2017 : 181).

Le fétichisme apparaît comme le moyen par excellence d'endiguer le mal social et spirituel qui ruine le bonheur du peuple. Aussi, Lestat proclame être « toujours blindé » grâce à son « troisième œil » et à ses « tchangues de toutes sortes » qui le protègent contre les attaques mystiques. Pour Joseph Tonda, dans ce cas particulier, « on recommande de « "laver le corps", de "cacher le corps", "de blinder le corps", c'est-à-dire à la fois de le "purifier" et de le "protéger" », parce qu'il faut rendre le corps « invisible aux regards des sorciers, mangeurs de corps » (2005 : 145).

En définitive, l'évocation de la figure du zombie, sous différentes formes, obéit aux multiples principes de démocratisation du corps individuel et social. L'ambivalence du discours, qui oscille entre la nécessité d'un engagement citoyen et le besoin de refonder l'action révolutionnaire sur la base des totems politiques des luttes indépendantistes, témoigne d'un optimisme circonspect chez les différents rappeurs. Paradoxalement, la figuration et l'esthétisation de la monstruosité du zombie montrent que ces rappeurs sont aussi victimes de l'omnipotence et de l'omniprésence des logiques du pouvoir postcolonial dont le spectre se perçoit dans leur refus de s'engager politiquement. Dans une société enfumée par l'animalité, le mérite de ces artistes est de tousser pour l'avènement des sociétés libres, de porter un discours d'espérance là où les autres bloquent le souffle.

Bibliographie

Corpus

Awadi Didier (feat. Ismael Mapaga)

■ « Mamiwata », Made in Africa, Studio Sankara, 2018, 3.49. Clip : https://www.youtube.com/watch?v=BmAdQMjRgwM

Valsero Général

■ « Zombie », Zombie, MOG Records (Masters of the game), 2019, 3.36. Clip : https://www.youtube.com/watch?v=I6VRK1zsUm0 .

Xxl Lestat

■ « Blindé », Bienvenue à LBV, Zorbam productions, 2007, 3.36. Audio (2009) : https://www.youtube.com/watch?v=F2QpggRZkIs&t=2s

Gims Maître

■ « Zombie », Subliminal, Jive & Sony, 2013, 4.04. Clip : https://www.youtube.com/watch?v=6yDEYu61piI

Youssoupha

■ « Pharaons et Fantômes », Négritude, Bomayé Music, 2015, 3.03. Clip : https://www.youtube.com/watch?v=lW5GbTcBbFE

Références secondaires et critiques

Mbembe Achille

■ *De la postcolonie* : essai sur l'imaginaire politique de l'Afrique contemporaine, Paris, Karthala, 2000.

Cesaire Aimé

■ *Discours sur le colonialisme*, Paris, Présence africaine, 1955.

ATERIANUS-OWANGA Alice

■ « Le rap, ça vient d'ici ! » : musiques, pouvoir et identités dans le Gabon contemporain, Paris, La Maison des sciences de l'homme, 2017.

BETHUNE Christian

■ *Le Rap : une esthétique hors la loi*, Paris, Autrement, 2003

AWADI Didier

■ Mamiwata, live CCF (Centre culturel français), 5 nov. 2018. Vidéo : https://www.youtube.com/watch?v=05lLm0gI7UQ.

BENVENISTE Emile

■ *Le Vocabulaire des institutions indo-européennes* T.2 : pouvoir, droit, religion, Paris, Minuit, 1989.

DIPITA TONGO

■ « Entretien avec Valsero », in Entretien avec…, STV, émission du Jeudi 11 Février 2016, 1 h 20. Vidéo : https://www.youtube.com/watch?v=kFkfpgZVcvQ .

FANON Frantz

■ *Les Damnées de la terre*, Paris, La Découverte, 2002.

VERSCHAVE François-Xavier

■ « La "Françafrique" en bref », in Dernières nouvelles de la Françafrique, La Roque-d'Anthéron, Vents d'ailleurs, 2006, pp. 221-223.

BLAIN Gilles

■ « Lumière et couleur au cinéma », Séquences n°33, 1963, pp. 3-11.

LACAN Jacques

■ *De la psychose paranoïaque dans ses rapports avec la personnalité*. Paris, Point essais, 1975.

VERVAEKE John, MASTROPIETRO Christopher, MASCEVIC Filip

■ *Zombies in Western culturel : A twenty-first Century Crisis*, ebook editions, OpenBook Publishers, 2017.

TONDA Joseph

■ *Le Souverain moderne : le corps du pouvoir en Afrique centrale (Congo, Gabon)*, Paris, Karthala, 2005.

■ « Derrida, le diable, les fantômes et les miroirs anormaux africains », Politique africaine n°97, mars 2005, pp. 172-177.

NGADI MAÏSSA Laude

■ « Les lettres-manifestes des chanteurs francophones d'Afrique subsaharienne », The Conversation, 12. Nov. 2017. https://theconversation.com/les-lettres-manifestes-des-chanteurs-francophones-dafrique-subsaharienne-85772

HILGERS Mathieu, MAZZOCCHETTI Jacinthe (dir.)

■ *Révoltes et oppositions dans un régime sémi-autoritaire : le cas du Burkina Faso*, Paris, Karthala, 2010.

RON Mercedes

■ À contre-sens [traduit de l'anglais par Nathalie Nédélec-Courtès], Paris, Hachette romans, 2018. Ebook disponible sur : http://ekladata.com/_6BLpYE6bljGPezQ2gDQdnMQ2-A/A-contre-sens-Tome-1-Mercedes-Ron.pdf .

NAUMANN Michel

■ *Les Nouvelles voies de la littérature africaine et de la libération (une littérature "voyoue")*. Paris, L'Harmattan, 2001.

NIMO Philippe

■ *L'Esthétique de la liberté*, Paris, PUF, 2014.

PIGNARRE Philippe, SENGERS Isabelle

■ *La Sorcellerie capitaliste : pratiques de désenvoûtement*, Paris,

La Découverte, 2005.

MARZIN Régis

■ « Deux ans après la révolution au Burkina Faso, que deviennent les mouvements citoyens en Afrique ? » Blog de Régis Marzin, 28 nov. 2016. https://regardexcentrique.wordpress.com/2016/11/28/deux-ans-apres-la-revolution-au-burkina-faso-que-deviennent-les-mouvements-citoyens/

CONTE Richard (dir.)

■ *Esthétique du pire*, Montreuil/Bois, LienArt, 2011.

SOOLKING

■ « Guérilla : remix » (feat. Sofiane, Maître Gims), Fruit du démon, Capital Music France, 2018, 4.37.

Du plurilinguisme dans la musique urbaine camerounaise : une modalité expressive ? Le cas de l'alternance codique chez Koppo

Simplice Aimé Kengni
Université de Yaoundé I

Résumé

Ce qui impressionne dans la musique camerounaise contemporaine, c'est la particularité de son matériau linguistique. Caractérisée par son plurilinguisme, celle-ci est à l'image des pratiques langagières « in vivo », pour reprendre Louis-Jean Calvet. L'hétérogénéité observée ici donne à la langue du texte une marque spécifique, empreinte d'enjeux sociolinguistiques. L'aspect le plus saisissant de cette mixité est l'alternance codique, témoin de l'environnement socioculturel et du paysage conjoncturel de l'artiste. Au rang de cette littérature musicale figurent certains textes de Koppo : *Si tu vois ma go*, *Emma*, *Gromologie*. Au-delà des questions de normativité qu'on pourrait soulever, le souci d'« authenticité » de la langue par rapport à son référent est ce qui constitue la préoccupation majeure du chanteur. À cet effet, certaines données lexico-sémantiques et morphosyntaxiques, témoins d'un aspect de l'écologie linguistique camerounaise, y sont observées. Si cette approche musicale suscite de plus en plus l'intérêt de la critique universitaire qui, dans sa majorité, s'accorde sur l'hypothèse de la consécration du vérisme du texte musical par le biais de la contextualisation de la langue d'expression, il n'en demeure pas moins vrai que les objectifs socio-pragmatiques d'une telle démarche soient encore à interroger et à apprécier. Aussi, la présente réflexion s'inscrit dans la logique interrogative : quels emplois Koppo fait-il du recours à l'alternance codique qui caractérise son art musical ? Quels en sont les enjeux pour le rayonnement de la « new urban music » en général et de la musique camerounaise en particulier ?

MOTS-CLÉS

Plurilinguisme, alternance codique, hétérogénéité linguistique, pragmaticité, sociolinguistique, modalité, normativité.

INTRODUCTION

Par son plurilinguisme, la musique urbaine camerounaise s'affiche de plus en plus comme creuset d'une véritable curiosité sociolinguistique. C'est dans cette logique que s'inscrivent les textes de Koppo. En effet, dans sa tentative de représentation de son quotidien et de son univers socioculturel, cet artiste musicien fait de son texte un lieu de foisonnement des voix, des langues et mêmes des « parlers », représentant successivement les différentes couches sociales en présence d'une part, et la diversité des codes linguistiques fonctionnels[1] usités d'autre part. Si cette approche musicale suscite l'intérêt de la critique universitaire, il n'en demeure pas moins vrai que les objectifs d'une telle démarche soient encore à apprécier. En fait, les réflexions[2] menées jusqu'ici s'accordent sur un constat commun : la consécration d'un vérisme scriptural par le biais de la contextualisation de la langue d'expression. Bien plus, l'alternance codique qui caractérise les textes de Koppo (*Si tu vois ma go*, *Emma*, *Gromologie)* est perçue comme étant tributaire de la complexité des situations et

[1] Nous entendons par cette expression les langues concurrentes en présence dans l'espace camerounais : français, anglais, langues nationales, camfranglais et pidgin english.

[2] Nous pensons ici aux travaux de Gabriel Manessy, (*Le Français en Afrique noire, mythes, stratégies, pratiques*, Paris L'Harmattan, 1994), de Pierre Dumont et Bruno Maurer, de Lise Gauvin, d'Antoine Lipou, *etc.* et surtout aux différentes réflexions menées par le collectif de l'École de Yaoundé (avec Gervais Mendo Ze, Tabi Manga, Dassi, Onguene Essono, Edmond Biloa, Gérard-Marie Noumssi, Paul Zang Zang, pour ne citer que ceux-là.). On pourra surtout apprécier le travail élaboré par les membres de l'équipe IFA, à travers les deux productions des *Inventaires des particularités lexicales du français en Afrique noire*, Paris, Édicef, AUPELF-UREF 1983 et 1988.

des sujets indexés.

En capitalisant ces acquis, la présente réflexion s'interroge sur les objectifs socio-pragmatiques du *code swicthing*. Cela dit, comment le multilinguisme se manifeste-il dans les textes de l'artiste-musicien ? Bien plus, quels emplois celui-ci fait-il du recours à l'alternance codique qui caractérise ses chansons ? Quels en sont les enjeux pour le rayonnement de la « urban music » en général et de la musique urbaine camerounaise en particulier ?

À l'issue de ce questionnement, la présente réflexion postule que l'option plurilingue chez Koppo serait l'expression d'une nouvelle modalité expressive. À ce titre, il contribuerait au reconditionnement du texte dans son message, tout en assurant le plaisir au niveau de la réception. L'objectif de cette étude sera donc de dégager les enjeux et/ou la pragmaticité de l'alternance de la langue d'expression en situation plurilingue.

Pour l'analyse, nous voudrions tour à tour justifier notre corpus et son approche théorique, y apprécier le fonctionnement de l'alternance codique, et en dégager les enjeux du plurilinguisme musical.

CRITIQUE DES SOURCES ET APPROCHE THÉORIQUE

D'entrée de jeu, il convient de souligner que l'auteur choisi pour notre étude est le nommé Koppo[3]. De son vrai nom Simon Patrice Minko'o Minko'o, cet artiste camerounais est né à Yaoundé en 1976. Son nom de scène « Koppo » signifie « copain » en « camfranglais »[4]. Officiant au début des années 2000 comme comédien, la révélation musicale viendra particulièrement dans *Cité Campus*, une des premières sitcoms camerounaises en 2003 lors d'un concert[5] donné à Douala par Manu Dibango, accompagné ce jour-là du groupe Macase (lauréat du Prix Découvertes 2001). Parmi ses productions, trois principaux textes ont retenu notre attention :

i) *Si tu vois ma go*» (2004) représente une chronique de la vie ordinaire et des rêves éveillés, partagés par toute une génération de jeunes urbains qui rêvent d'un paradis chez les Blancs (whites) à l'abri de toute difficulté. Bien plus, exprimé dans un rythme nonchalant, ce single tente de dénoncer avec humour, et par l'entremise d'un nouveau

[3] Au-delà de la particularité linguistique de ses textes, le choix de celui-ci se justifie par les nombreuses distinctions dont il fait l'objet ; **- 2004** : Révélation Musicale aux CANAL 2'Or 2004, Révélation Musicale Feux d'Artifices à la Cameroon Radio Television (CRTV), Révélation hip-hop aux RTS Awards, Chanson hip-hop de l'année avec *Si tu vois ma go* à Yaoundé FM 94. **- 2015** : Lauréat 2015 du programme Visa pour la création22 soutenu par l'Institut français.

[4] Mélange imagé du français, de l'anglais et des langues locales avec un zeste de pidgin.

[5] En réalité, il entame sa carrière musicale en 2003 en accompagnant le groupe Macase, lors d'un concert donné par Manu Dibango à Douala. Il passe la soirée avec les artistes et le lendemain du concert déclame pour la première fois le titre *Si tu vois ma go*. Fort de ce premier essai, le jeune artiste, sur les recommandations de Blick Bassy, chanteur de Macase, va commencer à travailler ses textes.

style de rap à la Doc Gynéco, le chômage galopant des jeunes, qui ouvre la porte de l'immigration vers l'Europe.

ii) *Emma* (2004), à travers un ton consensuel, questionne les nouveaux styles de vie, principalement la visibilité homosexuelle et transsexuelle[6].

iii) *Gromologie* (2017) sonne le retour de l'artiste sur scène après plus d'une décennie d'absence. C'est en réalité un mélange d'un peu d'Assiko (du fait des percussions), de rap (les rimes), de bikutsi (rythmes) et surtout de textes captivants en « francanglais » ou « camfranglais », le tout baigné dans un texte bien travaillé et humoristique, voire satirique. À en croire l'auteur, « la chanson a été inspirée des débats du dimanche au Cameroun, où les gars parlent le gros français au lieu de dire les choses simplement [...]. On n'a pas besoin de gros mots pour se faire comprendre »[7], ajoute-t-il.

Comme on peut le constater, le choix de notre corpus d'étude se justifie par la qualité de son matériau, caractérisé par la particularité des structures langagières qui le constituent. Compte tenu de sa richesse linguistique et de sa centralisation sur un univers sociolinguistique bien défini (le Cameroun), le triptyque des chansons sélectionnées se présente comme « une forme de résistance » (Nguefak : 2009) dans laquelle le chanteur fait une chronique satirique des faits et gestes de la vie ordinaire d'une part, et la représentation des rêves éveillés partagés par toute une génération de ces jeunes désœuvrés qui pensent à faire

[6] Lire à cet effet 46. J.-M. Manga, *Jeunesse africaine et dynamique des modèles de la réussite sociale*, Paris, L'Harmattan, 2012, p. 66-88.

[7] Propos révélés par Koppo le 4 juin 2017 dans un direct avec ses fans sur Facebook.

fortune coûte que coûte hors de leur terroir, dans un imaginaire « paradis blanc » d'autre part. Fort à propos, Awondo et Manga (2016 : 134-135) avancent ce qui suit :

> Koppo est le premier à produire une œuvre en camfranglais, langue des jeunes, pour porter un message de critique sociale du chômage notamment, questionner les grands enjeux globaux tels que l'immigration (« Si tu vois ma go »), les nouveaux styles de vie (« Emma »). [...] Ensuite, du point de vue de la langue, Koppo se réapproprie le camfranglais comme aucun autre artiste, avant lui, ne l'avait fait. S'il reste dans la légèreté et la confrontation douce avec le pouvoir qui n'est jamais directement interpellé, Koppo fait tout de même acte politique avec l'usage de cette langue qui, au même titre que le pidgin-english, est blâmée dans l'espace public et frappée d'interdiction. Les élites locales considérant globalement ces deux langues comme dévaluant ce qui a fait leur prestige, à savoir la maîtrise des langues officielles.

Pour l'analyse des données, nous optons pour le constructivisme linguistique, appareil conceptuel particulièrement bien adapté et utilisable en sciences du langage, puisqu'il met l'accent sur les phénomènes de communication. De l'avis de Blanchet (2000 : 69) :

> Le modèle épistémologique constructiviste apparait aujourd'hui très convaincant et solidement étayé. On voit mal en effet comment faire abstraction du filtre interprétatif de l'esprit humain culturel dans la perception du réel : si tel était le cas, tous les humains auraient les mêmes connaissances sur un

> objet donné. On voit mal pareillement, comment faire abstraction de l'expérience empirique : on sombrerait alors en plein délire rationaliste ou mystique, déconnecté de la réalité. En outre, ce modèle est particulièrement illustratif de ce qui fonde une méthodologie scientifique interprétative « empirico-inductive », bien adaptée en science(s) de l'Homme, et notamment en sciences du langage, langage humain où les phénomènes de variations, d'interprétation et d'intersubjectivité sont un élément clé.

En outre, pour Le Moigne (2001 : 139-140), « l'épistémologie constructiviste est une épistémologie de l'invention. [...] ; elle vise à inventer, construire, concevoir et créer une connaissance projective, une représentation des phénomènes : créer du sens, concevoir de l'intelligible, en référence à un projet ». Cette conception constructiviste s'inscrit dans une démarche *téléologique*[8] qui ne s'embarrasse d'aucune conformité à une norme préétablie.

DU FONCTIONNEMENT DE L'ALTERNANCE CODIQUE

Fréquent dans des recherches en sociolinguistique, le terme d'alternance codique, encore appelé « code switching », renvoie à l'utilisation d'un mot ou plus

[8] Ce concept essentiel et fondamental de l'épistémologie constructiviste renvoie à l'hypothèse que la connaissance est « intentionnelle » au sens où elle participe d'un besoin ou d'une finalité d'action sur le réel et sur soi-même. « Cela ne signifie pas – souligne Philippe Blanchet – que la connaissance est exclusivement utilitaire, mais qu'elle est expérientielle, car c'est en interagissant avec le monde que le sujet construit sa connaissance pour agir dans le monde et sur le monde. Elle répond à la question "pour quoi ?" » ; *cf.* Phillipe Blanchet, *La Linguistique de terrain. Méthode et théorie. Une approche ethno-sociologique*, Presses Universitaires de Rennes, 2000, p.68.

appartenant à une langue B, à l'intérieur d'une phrase qui appartient à une langue A. Par extension, on la perçoit aussi comme une alternance de deux ou plusieurs codes linguistiques (langues, dialectes ou registres linguistiques), pouvant avoir lieu à divers endroits d'un discours.

Fort à propos, tout en distinguant entre langue et variété linguistique, Gardner-Chloros (1983 : 25) définit cette notion comme « changement/alternance de langues ou de variétés linguistiques dans un discours ou une conversation ». Suivant le commentaire qu'en fait Saad Fadel (2007 : 178), on note ce qui suit :

> Cette définition insiste sur deux points essentiels. Le premier est celui de l'usage alternatif de plusieurs codes, un usage qui implique soit deux systèmes linguistiques indépendants l'un de l'autre, soit deux variétés d'une même langue. Le deuxième insiste sur le fait que l'alternance se produit dans un discours et plus particulièrement en situation de dialogue, donc d'interaction.

Du point de vue de sa matérialisation, l'alternance peut être soit interphrastique (entre les phrases), soit intraphrastique, soit enfin extraphrastique.

Au-delà de cette focalisation que l'on peut faire sur sa matérialisation formelle, l'alternance codique dans le discours est un lieu de structuration de stratégies de communication. En effet, Auer (1984) y voit une stratégie du sujet parlant pour exprimer un emploi fonctionnel dans une interaction. Gumperz (1989) quant à lui s'intéresse aussi aux fonctions[9] du *code-switching* en le considérant comme un phénomène discursif qui produit des inférences conversationnelles où le choix de langue, autant que le contenu du message, peut être porteur du sens.

En s'inspirant de ce précédent théorique, notre analyse prend en considération les différents matériaux linguistiques qui, mettant en relief le phénomène, permettent à l'artiste d'atteindre l'objectif de son art musical.

DE LA MIXITÉ : LANGUE FRANÇAISE / PIDGIN-ENGLISH / CAMFRANGLAIS

Le pidgin-english est un « parler » évoluant dans le milieu camerounais et transafricain. Le camfranglais quant à lui est propre à l'espace camerounais. Qu'il s'agisse de l'un ou de l'autre, ils sont présentés généralement comme des « parlers »[10] composites nés du contact entre le français, l'anglais, les langues (camerounaises) identitaires et d'autres langues africaines. Bien plus, ces deux ensembles sont à l'image de la mouvance sociale à laquelle ils s'adaptent et servent en même temps à décrire, ce qui pourrait justifier leur instabilité lexico-sémantique et morphosyntaxique.

En effet, Samba Diop (2005 : 95) les considère comme des langages consubstantiels au vécu des laissés-pour-compte. C'est dans cette optique que s'inscrivent les

---

[9] Les fonctions citées par Gumperz sont : citations, désignation d'un interlocuteur, interjection, réitération, modalisation d'un message, personnalisation/objectivation.

[10] Nous utilisons le vocable « parler » vu que le pidgin-english et le camfranglais frappent généralement par l'instabilité de leurs formes (lexico-sémantique et morphosyntaxique) qui ne sont pas codifiées par une instance normative homologuée. C'est pourquoi, sans nier l'usage fonctionnel et stylistique qu'un écrivant/chanteur ou un locuteur instruit peut en faire, ils sont rattachés à une certaine classe sociale marginale.

données qui suivent :

> « La galère du Kamer toi-même tu know
> on deny que je go, mais je go vitesse.
> Il ne faut pas qu'ils know que j'ai envie de go. »
> (*Si tu vois ma go*)
>
> « Quand tu such la télé tu vois que chez les watt
> Est-ce qu'on suffer même du ngué
> Tout le monde est bad !
> Dès que je tombe là-bas je hold un bolo. »
> (*Si tu vois ma go*)

Sous la base de ces précédentes occurrences à forte coloration satirique, il apparaît clairement, comme l'affirme Manga (2012 : 66), que :

> Koppo est le premier à produire une œuvre en camfranglais, langue des jeunes, pour porter un message de critique sociale du chômage notamment, questionner les grands enjeux globaux tels que l'immigration (« Si tu vois ma go »), les nouveaux styles de vie et, principalement, la visibilité homosexuelle et transsexuelle (« Emma »), tout en usant d'un ton consensuel.

Du point de vue morphosyntaxique, ces parlers subissent des processus d'adaptation, de réduction et de simplification par rapport aux langues dont ils sont issus (*cf.* De Feral : 1994). Au vu de la force expressive et signifiante de l'incidence artistique d'un tel langage, notre préoccupation est celle de montrer comment le chanteur tente de faire valoir l'unité d'un style à travers l'éclat d'un langage insolite. C'est dans cette optique qu'on pourra apprécier les occurrences ci-dessous.

Suivant l'intention visée, elles expriment :

Une raillerie

(1) Mollah le way… ou c'est stratosphérique ou quoi là
Ça a failli me pach moi-même hein Stratosphérique…
(*Gromologie*)

(2) Les bindi intellectuels, tels que je ndem pêle-mêle
Koppo rappe même quoi ? Du n'importe quoi
(*Gromologie*)

(3) Même les white qui sont les katika du french (papa !)
Ne use pas dans les divers tous ces mots qu'ils tench
(*Gromologie*)

Une surprise ironique

(4) Mollah je wanda, je m'étonne
Que dans nos ways de francophones
Consto les gens raisonnent better le french que l'Eton
(*Gromologie*)

Un trait intonationel exprimant

une surprise

(5) J'ai mouffe les ways j'ai misé la magie
Le style de ting tu perds la boule
Small ngondélé don't get something wandafull
(*Emma*)

une détermination

(6) Même épouser les veuves hein ! Moi je vais bolo

Fait quoi fait quoi j'aurai les do Foumban-Foumbot je vais go
(*Si tu vois ma go*)

Un cri de détresse

(7) Une vraie baramine je te dis
Malchance mbatlock
(*Emma*)

Des leçons de vie

(8) Il y'a un ponda pour le school, il y'a un ponda pour la life
Dans la life c'est moh de school, mais trop de school
ce n'est plus cool (papa)
(*Gromologie*)

(9) Parce que les go aiment djoss, c'est le mponda qu'elle loss
Or c'est le mponda c'est les do, il faut que je go
Entre les do si je go et le ndolo de ma go je tcha le ndolo mais sans les do y a pas ndolo
(*Si tu vois ma go*)

Ce qui frappe dans cette alternance codique, c'est la simplicité cohérente avec laquelle on va du code français à celui du pidgin ou du camfranglais, sans ressentir ni pesanteur ni une quelconque incompatibilité syntaxique. Ces structures pour la plupart se présentent sous la forme : français + pidgin + français + camfranglais +…sn.

Bien plus, la variation de l'orthographe constatée ici et là contribue très bien à rehausser le plaisir du texte. En effet, les structures du pidgin-english et du camfranglais servent ici de catalyseur du fait qu'elles attirent l'attention, tant à la lecture qu'à l'écoute, par leur caractère insolite. De même, elles font jeu dans la mesure où, pour un lecteur/auditeur non averti, elles suscitent plutôt le comique qui distrait l'attention de la gravité de la situation présentée. Ainsi, face à cette comédie du langage, le lecteur/auditeur tire son plaisir en se laissant captiver par le fort décor apéritif qui contribue à l'épanouissement de la trame musicale.

On ne saurait tout même perdre de vue le fait que, derrière les couleurs exotiques de cette alternance, se dégage l'expression des conditions assez complexes. Les parlers exploités dans ces énoncés sont utilisés par l'artiste comme un moyen naturel pour exprimer sa détermination ou son exaspération face à une situation de crise. D'où la pertinence de cette analyse de Awondo et Manga (2016 : 137) :

> Koppo se réapproprie le camfranglais comme aucun autre artiste, avant lui, ne l'avait fait. S'il reste dans la légèreté et la confrontation douce avec le pouvoir qui n'est jamais directement interpellé, Koppo fait tout de même acte politique avec l'usage de cette langue qui, au même titre que le pidgin-english, est blâmée dans l'espace public et frappée d'interdiction. Les élites locales considérant globalement ces deux langues comme dévaluant ce qui a fait leur prestige, à savoir la maîtrise des langues officielles.

De la mixité : langue française/ langue maternelle[11]

La plurivocité de la musique urbaine camerounaise se traduit aussi par l'insertion des structures totales et non

[11] Nous devons voir ici dans l'expression langue maternelle, la langue originelle qui définit l'ethnie d'appartenance du locuteur.

traduites des langues maternelles des locuteurs dans les mailles du texte. Ces énoncés entrent en interaction avec la langue française pour donner en surface une structure uniforme. Cette pointe de créativité musicale, de manière formelle, vise, pour reprendre Garnier (2005 : 71), à « mettre en forme cette multiplicité de discours dans l'unité d'un style. »

De même, le recours à la langue maternelle évoque un souci de sincérité par l'entremise des thématiques qui généralement se démarquent par leur caractère intime et authentique. En ce sens, on pourrait entrevoir une tactique de rapprochement générée par le sentiment d'appartenance à un code linguistique qui invite à plus d'intimité et d'authenticité. C'est pourquoi Dassi (2008 : 23) considère que cette forme d'alternance codique est susceptible de jouer pleinement son rôle pour alimenter la « pragmaticité du discours ».

Ainsi, l'effet-texte qu'on pourrait situer au niveau de la portée stylistique et affective exerce un conditionnement probant au niveau de la réception, si l'on en juge par la teneur et la saveur des énoncés.

Les structures phrastiques

(1) Emma, qu'est-ce que c'est que ça
Emma… **ma yin moa me zinmo**
Emma **wam'oh**, Emma **dzi dzi dzi**
Emma, tu m'as tué **oh**
(*Emma*)

Ces structures en langue maternelle ont ceci de particulier qu'elles fonctionnent comme des « quid de l'alarme »[12] . En réalité, elles s'appuient sur un mode d'interpellation qui sert au passage à retenir toute l'attention de l'interlocuteur. Ainsi, cette logique répond à un schéma de conditionnement bien précis qui joue un rôle de catalyseur d'attention et répond à un besoin précis de communication : celui de s'adresser à l'intelligence et à la conscience de l'interlocuteur, et partant celle du lecteur. L'effet pragmatique est soutenu par la relation d'affectivité, d'intimité et de familiarité qui semble lier les parties prenantes de l'échange.

Des prophrases interjectives

Considérée comme l'une des parties du discours, l'interjection exprime les passions, celles ressenties par les êtres humains : la douleur, la joie, la colère, *etc.* Elle traduit pour ainsi dire un état d'âme en proie à une sensibilité. Pour Dassi (2008 : 232), l'interjection est un paradigme fort complexe :

> Elle se constitue d'une myriade de sons, de formes plus ou moins linguistiques, susceptibles d'exprimer l'euphorie ou la dysphorie qu'éprouve l'usager de la langue. Classe ouverte, elle n'est pas toujours représentable par l'écriture, car elle est essentiellement émotionnelle, généralement inconsciente, non méditée, vocale, lorsqu'elle est à l'état pur.

Par sa nature, l'interjection est beaucoup plus réflexive

[12] Nous empruntons cette expression à M. Dassi, *Phrase française et francographie africaine, de l'influence de la socioculture*, Lincom Europa, 2008, p.235.

et renvoie à l'affectivité de celui qui la profère. Elle traduit ainsi une perception subjective d'une situation que l'inconscient du locuteur exprime vocalement. À en juger par la thèse de Dassi (*ibid.* 233), « l'interjection est tributaire de l'origine socioculturelle de sa naissance ou, le plus souvent de celle de son utilisateur. Elle charrie donc l'expression d'une multitude de réactions non pensées, non réfléchies [...] le problème de sa significativité se pose. »

L'intérêt de notre réflexion porte en effet sur la pragmaticité desdites interjections socioculturalisées dans le texte musical. Au-delà du surcroît de compétence socioculturelle qu'elles imposent aux auditeurs, il n'en demeure pas moins qu'elles constituent pour le chanteur un puissant moyen de conditionnement du texte, dans le but de rehausser l'éclat à la consommation, en le rendant d'une manière ou d'une autre plus digeste. Une telle portée mobilise, on ne saurait le nier, une double compétence : une excellente maîtrise de la socioculture d'origine africaine et une bonne connaissance du français.

(2) Gars tu dis que j'ai gnion si tu savais. Je sors de loin... **wèh**
(*Emma*)

(3) Une vraie baramine je te dis
Malchance mbatlock ndutu **Yeh malé eh !**
(*Emma*)

(4) Emma ... tu m'as-tué **oh** !
(*Emma*)

Ces énoncés donnent lieu à des constructions formelles suivantes :

Syntagme en français + **Wèh** ::: +……
Syntagme en français + **Yeh malé eh** ::: + ….
Syntagme en français + **oh**

En observant le comportement des interjections dans ces énoncés, on comprend bien qu'elles fonctionnent comme des « quid de l'alarme ». Ce sont en effet des cris de détresse qui traduisent soit des liens émotionnels d'intimité, soit l'expression d'un drame personnel. En réalité, le potentiel détour engendré par ces interjections viendrait du fait qu'au niveau de la réception, le consommateur pourrait être plus attiré par l'effet comique ou distractif qu'elles créent que par le contenu douloureux qu'elles charrient. Ainsi la charge sémantique de ces cris se trouve par conséquent voilée sous ses traits insolites et plaisants. En un mot, la particularité de leur trait contribue à détourner le lecteur du pire pour redorer la transmission du message.

De ce fait, les expressions telles que « wèh » « yeh malé eh », « oh ! » passent du tragique qu'elles évoquent au comique qu'elles créent. Cette comédie du langage pourrait être renforcée par la représentation mentale que se fait un auditeur des gestes, des postures prises par le personnage en détresse chaque fois qu'il pousse un cri (mains sur la tête, mains jointes sur la poitrine, les deux mains levées vers le ciel en signe de lamentation).

Au demeurant, au détour des sentiers du rire ou de la distraction, se pose tout de même la question de l'expressivité ou de la significativité de ces traits socioculturels du langage. Ces morphèmes, comme le souligne Dassi (*op.cit.* 237), ne sont pas « asyntaxique[s], c'est-à-dire isolable[s] », ils s'assimilent à de véritables SOS glosables soit en termes d'adjectif, soit en adverbes, ou encore en un groupe adjectival d'apitoiement que l'on pourrait représenter comme suit :

Wèh ! Vraiment !
Yeh malé eh ! Pas possible ! Pas vrai !
Oh ! Mon Dieu !
Au secours ! À l'aide !

DES ENJEUX DU PLURILINGUISME DANS LA MUSIQUE URBAINE

Le choix du passage d'une langue à une autre n'est pas fortuit et il répond à des motivations variées. De même que dans un échange verbal en situation de communication réelle, la mise en texte du *code switching* dans le texte musical peut se faire pour des raisons multiples. À en croire Gumperz (1989 : 111), « une telle communication a d'importantes fonctions communicatives et comporte des significations qui, à bien des égards, sont semblables à celle des choix stylistiques dans les situations monolingues ». Nous relevons, dans le cadre de notre réflexion, deux enjeux majeurs.

L'ENJEU SOCIOLINGUISTIQUE

La question du plurilinguisme musical participe d'une dynamique relationnelle que nous identifions sous l'étiquette de « partenariat linguistique et socioculturel »[13]. Celui-ci implique, dans l'écriture, une modification plus ou moins visible des structures et lois de fonctionnement classiques de la langue d'accueil (qui est ici le français, reconnu avec l'anglais dans ce contexte comme langue officielle), afin d'adapter celle-ci aux besoins de communication des locuteurs qui n'ont qu'un seul souci : exprimer leur pensée et leurs sentiments.

Pour l'artiste, il y aurait une volonté de répondre à un défi majeur : celui de peindre les différents contours de l'être pris dans son environnement social, en interaction avec les forces – socio-politico-historiques – qui exercent une influence sur lui et finissent par contribuer à la définition et à l'expression – réaliste ? – de la logique de sa pensée.

L'ENJEU SOCIO-PRAGMATIQUE

L'alternance codique fait aussi du plurilinguisme de l'art musical un outil de valeur marchande. En effet, cette « croisée des langues »[14] qui caractérise de plus en plus la musique urbaine africaine (en général), entre dans une logique de modalité de conditionnement, qui assure la portée apéritive de cet art. En fait, les langues mises en texte sont généralement consubstantielles du quotidien des locuteurs de l'univers de référence. Elles impliquent par le

[13] Simplice Aimé Kengni, « Du sémantisme à la morphosyntaxe du français courant en Afrique : des pratiques scripturales socioculturalisées à la question de l'identité africaine », in Ladislas Nzesse et M. Dassi (éds), *Le Fançais en Afrique,* *Évaluation de sa portée patrimoniale*, L'Harmattan Cameroun, pp.49-69

[14] Lise Gauvin, *L'Écrivain francophone à la croisée des langues : entretiens*, Paris, Karthala, (1997).

fait même l'image d'un militantisme populaire, en ce sens que chacun se retrouve enrôlé dans le coup de ce qu'on pourrait qualifier de communautarisme linguistique. Dans cette optique, on pourrait y voir la corrélation existant entre le plurilinguisme et la chronique sociale, lien dont l'artiste musicien se sert pour faire de son texte non seulement un espace de dévoilement, mais surtout un univers dans lequel les langues se rencontrent et s'unissent machinalement pour exprimer la force et l'efficacité d'un style en quête de popularité[15].

CONCLUSION

Cette étude avait pour objectif de dégager les enjeux et/ou la pragmaticité de l'alternance de la langue d'expression en situation plurilingue. Pour ce faire, nous avons exploré le fonctionnement de l'alternance codique à travers trois textes de Koppo. Cette exploration guidée par les acquis du constructivisme linguistique nous a permis de scruter l'organisation de la mixité linguistique constituée autour des ensembles langue française/pidgin-english/camfranglais ; langue française/langue maternelle. Au-delà du fait qu'est mise en évidence la cohabitation entre le fiançais et les autres langues concurrentes, la préoccupation de cette réflexion s'est orientée sur la valeur d'emploi de ce procédé d'alternance pour en dégager la portée aux niveaux linguistique et socio-pragmatique.

Au premier niveau, outre l'expérimentation d'un partenariat linguistique et socioculturel en conformité avec

[15] Cette posture justifie la question que se pose Lise Gauvin dans son ouvrage publié en 2007 : Écrire, pour qui ? L'écrivain francophone et ses publics, Paris, Karthala, coll. Lettres du Sud.

les besoins communicationnels, l'enjeu sociolinguistique a permis de relever les exigences d'un art contextualisé qui, bousculant les logiques normatives, met en avant l'étiquette d'un réalisme linguistique fonctionnel[16].

Au second niveau, l'appréciation de l'enjeu socio-pragmatique nous a permis d'évaluer l'efficacité de l'alternance de la langue d'expression en situation plurilingue. Ainsi, en brisant le complexe de la langue, le chanteur Koppo met au cœur de l'art musical une pluralité des voix et une multiplicité des langues qui lui permettent de réévaluer le doigté poétique de son texte, et d'assurer le conditionnement du message qui en découle. D'où la pertinence des propos de Awondo et Manga (2016 : 135) :

> Koppo opère une double rupture par rapport aux premiers rappeurs des années 1990. D'abord, du point de vue de ses compositions musicales, il mêle, dans ses chansons, des rythmes locaux type bitkutsi et makossa aux sonorités mondialisées du R'n'B et du jazz. Cette démarche a le mérite de retenir l'attention des publics (y compris parmi les populations non jeunes et élitistes) qui reconnaissent à sa performance, à la un ancrage sur le plan local et une dimension globalisée. C'est ce qui lui assure tout particulièrement l'adhésion des jeunes.

[16] Cet aspect est davantage développé dans notre modeste contribution de 2015, (Simplice Aimé Kengni, « Fancographie africaine, entre oraliture et niveau de langue : quels enjeux pragmatique et sociolinguistique ? », in Augustin Emmanuel Ebongue (éds), *Le Plurilinguisme en Afrique. Représentations, description et interventions*, Kansas City, Miraclaire Academic Publications (MAP), pp.145-162.

BIBLIOGRAPHIE

NGUEFAK Adéline

- *La Chanson populaire contemporaine comme forme de résistance : le cas du Cameroun*, thèse de doctorat en littérature africaine, Université de Yaoundé I, 2008.

DE FERAL Carole

- « Le Français identitaire chez les jeunes au Cameroun et en France » *in Corpus et langage*, Université de Nice-Sophia, Antipolis, 1994, pp.112-123.

DASSI

- *Phrase française et francographie africaine. (De l'influence de la socioculture)*, Lincom, Europa, 2008.

SAAD FADEL Faraj

- « L'Alternance codique ou le code switching dans l'échange verbal », in *Journal of college of languages*, Baghdad University, 2007, pp. 178-191.

LE MOIGNE Jean-Louis

- *Le Constructivisme*, T.1, *(Les Enracinements)*, Paris, L'Harmattan, 2001.

MANGA Jean-Marcellin

- *Jeunesse africaine et dynamique des modèles de la réussite sociale*, Paris, L'Harmattan, 2012.

GUMPERZ John J.

- *Sociolinguistique interactionnelle : une approche interprétative,* L'Harmattan, Université de la Réunion, 1989.

GAUVIN Lise

- *Écrire, pour qui ? : L'écrivain francophone et ses publics,* Paris, Karthala, coll. Lettres du Sud, 2007.
- *Les Langues du roman : du plurilinguisme comme stratégie textuelle*, Montréal, Presse Universitaire de Montréal, 1999.

■ *L'Écrivain francophone à la croisée des langues : entretien*, Paris, Karthala, 1997.

CALVET Louis-Jean

■ *Les Voix de la ville, Introduction à la sociolinguistique urbaine,* Paris, Payot, 1994.

DIOP Papa Samba

■ « Voyages entre les langues, pratiques plurilingues chez Patrice Nganang et Boubacar Boris Diop » in *Revue des littératures du Sud* n° 159, Paris, Larousse, 2005, pp. 90-97.

AWONDO Patrick, MANGA Jean-Marcellin

■ « « Devenir rappeur engagé » : l'émergence controversée du rap dans l'espace public camerounais » in *Politique africaine* n° 141, Paris, Karthala, 2016, pp.123-145.

GARDNER-CHLOROS Pénélope

■ « Code-switching : approches principales et perspectives », in *La Linguistique*, vol. 19, Fasc. 2, Paris, Presses Universitaires de France, 1983, pp. 21-53

AUER Peter

■ *Bilingual conversation,* Amsterdam, éd. Benjamins. Pub. Co., 1984.

BLANCHET Philippe

■ *La Linguistique de terrain. Méthode et théorie. Une approche ethno-sociologique*, Presses Universitaires de Rennes, coll. Didact. Linguistique, 2000.

KENGNI Simplice Aimé

■ « Fancographie africaine, entre oraliture et niveau de langue : quels enjeux pragmatique et sociolinguistique ? », in Augustin Emmanuel EBONGUE (éds), *Le Plurilinguisme en Afrique. Représentations, description et interventions*, Kansas City, Miraclaire Academic

Publications (MAP), 2015, pp.145-162.

■ « Du sémantisme à la morphosyntaxe du français courant en Afrique : des pratiques scripturales socioculturalisées à la question de l'identité africaine » in Ladislas Nzesse et M. DASSI (éds), *Le Fançais en Afrique Evaluation de sa portée patrimoniale*, L'Harmattan Cameroun, 2016, pp.49-69

ELOUNDOU ELOUNDOU Venant

■ « La Gestion du plurilinguisme à travers les enseignes publicitaires à Yaoundé : le cas d'Obili », in *Le Français en Afrique* n° 25, Nice, CNRS, 2010, pp. 207-220.

GARNIER Xavier

■« Langues des rues, Langues des livres : les questions en débat. » *in Revue Notre Librairie* n°159, langues ; langages, inventions. Paris, Larousse, 2005, pp.66-71.

https://kamerlyrics.net/lyric-12-koppo-je-go

https://kamerlyrics.net/lyric-149-koppo-emma

https://kamerlyrics.net/lyric-1516-koppo-gromologie

Traits lexico-sémantiques et morphosyntaxiques de la chanson contemporaine au Cameroun

G. Piebop
Université de Yaoundé I

Résumé

Depuis leur naissance jusqu'à aujourd'hui, les chansons camerounaises ont subi et continuent de subir des mutations qui creusent sans cesse le gouffre entre les chansons traditionnelles d'antan et celles qui sont proposées aux mélomanes de nos jours. À la faveur de la mondialisation, on observe une évolution dans la musique, les rythmes, les supports des chansons, les façons de danser, de se présenter en/au public, de chanter, de promouvoir les chansons, *etc.*, qui résultent de la naissance et de la floraison des différents métiers qui gravitent autour du show-business au Cameroun. Se concentrant exclusivement sur la chanson elle-même, la présente étude part du constat selon lequel les chansons exécutées par les Camerounais actuellement se caractérisent par leurs aspects pluri et multilingues, et que leurs occurrences se font selon des distributions particulières, en fonction des attentes des chanteurs (Ebongue, 2014). C'est pourquoi, sur la base de l'approche descriptive et synchronique préconisée par l'équipe de l'IFA, les investigations vont au-delà de ces considérations et s'interrogent sur les particularités lexico-sémantiques et morpho-syntaxiques qui caractérisent la chanson en contexte camerounais. Autrement dit, l'étude a pour objectif d'établir une carte d'identité de la riche diversité linguistique, voire socioculturelle de la chanson au Cameroun à une ère envahie par la mondialisation entourée de ses effets positifs et négatifs. Elle met aussi en garde contre des aspects qui semblent plutôt la pervertir ou la tirer par le bas.

MOTS-CLÉS

Chanson camerounaise, mondialisation, mutations, contenus linguistiques, plurilinguisme.

INTRODUCTION

Le Cameroun figure parmi les pays qui, linguistiquement et culturellement parlant, sont les plus hétérogènes en Afrique. En effet, avec à peu près trois cents unités ethnico-linguistiques répertoriées dans trois des quatre grandes familles linguistiques d'Afrique, c'est un pays qui assume à juste titre le pseudonyme périphrastique d'« Afrique en miniature » par lequel il est affectueusement désigné. À cet environnement déjà hautement plurilingue, se superposent des langues hybrides de grande communication qui assument des valeurs identitaires en même temps qu'elles assurent l'intercompréhension au sein des populations. Le tableau est couronné par des langues étrangères au premier rang desquelles figurent le français et l'anglais, qui officient comme langues co-officielles. En dehors de ces deux langues étrangères, le contexte linguistique camerounais se singularise aussi par la présence de nombreuses autres langues étrangères secondaires qui font l'objet d'enseignement dans les écoles camerounaises, ceci afin de favoriser davantage l'ouverture des citoyens au monde extérieur. C'est le cas de l'allemand, de l'espagnol, de l'italien, du chinois, de l'arabe, du grec, du latin, *etc.* Dans ce babel linguistique, pour parler comme Tadadjeu (1990), s'épanouissent des rythmes et des chansons qui se distancient de plus en plus de leurs formes culturelles identitaires originelles et authentiques, par les thématiques abordées, les langues utilisées, les structurations des textes, le style de langage, *etc.* En d'autres termes, comment identifier linguistiquement la chanson camerounaise actuellement ? Quelles sont les particularités de celle-ci ? Sur les plans de la forme et du fond, en quoi reconnaît-on la chanson camerounaise ? Afin de répondre à ces préoccupations, le travail prendra ses marques sur une démarche descriptive et synchronique qui viendra rendre plus intelligibles les analyses linguistiques et sociolinguistiques qui accompagneront les occurrences. En effet, initiée et mûrie par l'ex-équipe de l'Inventaire des Français d'Afrique (IFA), en l'occurrence Latin, Queffélec et Tabi Manga, l'approche descriptive et synchronique repose d'une part sur une typologie de l'écart, et d'autre part sur les « particularités d'après une typologie en quatre points : lexématique, sémantique, grammaticale et celle liée aux différences de connotations, de fréquence et de niveaux de langues » (Latin, Queffélec et Tabi Manga, 1993 : 32). Cette démarche a le mérite de faciliter l'identification et l'explication des marques qui distinguent le langage approprié dans les occurrences. Ces dernières quant à elles proviendront des paroles de 256 chansons tirées des magazines spécialisés à cet effet (*Mag*) achetés auprès des marchands de journaux ambulants, dans des kiosques, des discothèques, ou le cas échéant recueillis sur

Internet grâce aux sites de paroles des chansons (Bonaberi.com, Youtube, kamerlyric.net, *etc.*) Elles ont été choisies en fonction de leur forte représentativité par rapport aux phénomènes à identifier et à mettre en exergue, à savoir les emprunts, les néologies, les alternances et les mélanges de codes, les abréviations, les dérivations, les mutations sémantiques, les calques et autres agrammaticalités, *etc.* Les repères spatio-temporels des chansons sélectionnées se situent dans l'intervalle des années 2000 à nos jours, du fait que cette période est mieux placée pour traduire la contemporalité et surtout la jeunesse qui actuellement constitue la tranche d'âge qui de toute évidence s'investit le plus dans l'industrie musicale. Néanmoins, des incursions et remontées jusqu'aux années 1980, période également traversée par l'auteur, ont été faites chaque fois que cela s'avérait nécessaire. Ceci avait pour atout de décrire et de contraster les faits et observations sur des bases empiriques, ce qui conférait plus d'objectivité au travail.

Parcours de la chanson camerounaise

Les chansons camerounaises apparaissent dès leur essence comme étant des moyens pour commémorer des faits et des événements ayant impacté le vécu d'une famille, d'un clan, d'une ethnie, *etc.* Cette optique de commémoration par les chants fut d'ailleurs déportée aux États-Unis pendant la traite négrière dans ses variantes *work songs*, *blues songs* et *negro-spirituals*, en fonction des thématiques abordées et des tons dans lesquels les esclaves africains amenés de force aux États-Unis pour travailler dans les plantations de thé et de canne à sucre les exécutaient. Ainsi, qu'il s'agisse des naissances, des bercements, des mariages, des décès, des funérailles, des cérémonies de dotation de nom, de circoncision ou d'adoration des crânes, les chants traditionnels camerounais permettaient de mener les célébrations à leur comble, ce à l'aide d'instruments de musique traditionnels tels le tam-tam, le tambour, le *mvêt*, les flûtes traditionnelles, les balafons, des bouteilles, des calebasses, des jarres, des grelots et bien d'autres instruments à percussion typiquement africains. Les costumes traditionnels permettaient de singulariser les chansons camerounaises du passé et même de deviner les ethnies de provenance des chanteurs. En fait, chaque ethnie camerounaise possède un code vestimentaire et des rythmes musicaux particuliers qui transparaissent ou bien qu'elle met en valeur lors de la promotion d'éléments culturo-identitaires tels les chants. Ainsi en était-il par exemple des ressortissants des régions du Centre-Sud-Est que l'on reconnaissait à travers le rythme bikutsi à l'état pur et les vêtements confectionnés à base du tissu d'« obom », c'est-à-dire d'écorces d'arbre séchées et battues (Fame Ndongo, 1996) et peaux d'animaux provenant de leurs forêts. Les bamilékés quant à eux étaient reconnus à travers des rythmes authentiques comme le mangambeu, le samali ou benskin et des vêtements faits de motifs afritudes particuliers appelés « ndop » qui font partie des éléments décoratifs dans presque toute la région des Grasslands. Les Douala ont excellé dans le makossa original, l'ambas-bay ou l'ewesse, qu'ils exécutaient en douala vêtus de leurs atours traditionnels que sont le *sanja* pour les hommes et le *kaba ngondo* pour les femmes (Ebele Wei, 2000), *etc.*

En d'autres termes, il était très facile par le passé de deviner de quelle aire culturelle du Cameroun provenait un chanteur camerounais. Pareillement, il était nettement plus aisé de caractériser la chanson camerounaise. Mais avec l'urbanisation d'abord, la mondialisation ensuite et enfin le pluri et le multilinguisme qui surplombent le Cameroun, les critères du passé ne suffisent plus pour brosser un panorama exact de l'univers musical de ce pays. Ce vent de modernisation est en effet marqué par une transformation progressive dans les pratiques musicales et petit à petit, les instruments traditionnels qui accompagnaient les chants commémoratifs cèdent la place à des instruments de production musicale chaque jour un peu plus sophistiqués tels que les batteries, les guitares électriques, les pianos, les cassettes, les CD, les DVD, les beats produits par ordinateur, les voix modifiées et améliorées par des ordinateurs, la radio, la télévision, Internet surtout et tous les autres constituants qui révolutionnent l'industrie de la chanson et la rendent beaucoup plus facile à pratiquer. En découlent la popularisation de la chanson et l'engouement actuel des Camerounais précisément à pratiquer cet art en lui apportant des touches qui pourraient en même temps traduire leur identité, assurer leur célébrité et les mettre à l'abri du besoin.

En outre, les chansons camerounaises traditionnelles étaient jadis exécutées exclusivement dans les langues identitaires afin de les mettre en valeur. Ce choix est toujours assumé par certains musiciens, ceux de l'ancienne génération, notamment Manu Dibango, Sale John, Ekambi Brillant, Bébé Manga, Jean Bikoko Aladin, Pierre Didi Tchakounté, Dina Bell, Axel Mouna, Talla André Marie, Anne Marie Ndzié, Messi Martin, Mekongo Président, Claude Ndam, Grâce Decca, Ben Decca… et de la jeune génération aussi : Charlotte Dipanda, Herve

Nguebo, Richard Bona, Coco Mbassi, Blick Mbassy, Linda Raymonde, Letis Diva, Lady Ponce, Marole Tchamba, *etc.*

De même, de nombreuses chansons étaient et continuent d'être chantées exclusivement en français ou en anglais, même lorsqu'il est question de promouvoir des rythmes authentiquement camerounais comme le Samali avec Keng Godeffroy (*La vraie magie*), le makossa avec Elvis Kemayo (*Oh Cameroun*), Beko Sadey (*Les Réfugiés*)... Ce qui est compréhensible, car le français et l'anglais sont les langues officielles qui s'imposent à tous les locuteurs camerounais en principe.

Par ailleurs, par réalisme sociolinguistique surtout, plusieurs musiciens camerounais jettent leur dévolu sur les chants dans les langues ethniques autres que les leurs. Le groupe Tim & Foti, formé de chanteurs originaires de Bafoussam, avait déjà compris le bien-fondé de cette astuce et a justement séduit les populations grâce à la plupart de ses morceaux dans la langue douala. Ange Bagnia aussi séduit par sa maîtrise du douala dans certaines de ses chansons (*A Mouto*), pour la native medumba qu'elle est. Marthe Zambo a fait de même avec des textes en douala alors qu'elle est beti. Bébé Manga (*Diya kamba*) a manié avec une telle dextérité la langue douala dans ses chansons que l'on avait de la peine à croire qu'elle était native de la région du Sud-Ouest Cameroun. Plus astucieux encore, les musiciens de la jeune génération vont plus loin en célébrant le multilinguisme dans leurs chansons. C'est, entre autres, le cas de l'originaire de Bagangté Ange Bagnia (*Johnny*), qui mêle dans ses chansons à la fois sa langue maternelle, le français, l'anglais, l'éwondo et le douala. Letis Diva (*Konwu dance*) excelle également dans le rythme bikutsi urbain dans lequel elle allie merveilleusement sa langue d'origine bamiléké, l'éwondo, le bassa, le nyokon, le douala, le fulfulde, le français, *etc.* On observe aussi une prédilection de ces chanteurs camerounais pour l'éwondo dans le bikutsi et le douala dans le rythme makossa et les slows. D'après certaines idéologies en effet, ces langues seraient des langues plus musicales par rapport aux autres langues camerounaises (Ebongue, 2014 : 26).

Toutefois, il n'est pas inutile de rappeler qu'il est plus probable que ce soit à la faveur de l'urbanisation que ces principales langues et les rythmes qu'elles incarnent, à savoir le makossa pour le douala, le bikutsi pour l'éwondo, le bassa pour la variété, le fulfulde pour les musiques sahéliennes, aient prospéré. En effet, les migrations des populations villageoises vers les principales métropoles comme Yaoundé et Douala et autres chefs-lieux de régions ont considérablement contribué à la popularisation de ces langues à travers le makossa, le bikutsi, le nganja. Et grâce à la création et au déploiement des bars pour accueillir l'afflux des nouveaux habitants dans ces villes, de nombreux orchestres de musique vulgarisant le bassa, l'éwondo, le fulfulde et le douala (le Richard band de Zoétélé, Los Camaroes de Messi Martin, Les Têtes brûlées de Zanzibar, le Back style de Nkoti François et Toto Guillaume, le Fada Kawtal de Isnebo, *etc.*) sont rapidement devenus très populaires et ont imprimé de nouvelles touches à la chanson camerounaise. Quelles sont donc ces touches, précisément celles relevant du domaine de la linguistique, apportées à la chanson camerounaise ? C'est à cette problématique que s'attèlera la section suivante.

L'EMPRUNT LINGUISTIQUE

L'emprunt linguistique renvoie à l'apparition dans le système d'une langue de tournures d'éléments ou de structures qui lui sont étrangers parce qu'issus d'autres systèmes linguistiques (Piebop, 2014 :145). Ce phénomène n'est pas étrange car l'examen de la chanson camerounaise permet de déceler une multitude de systèmes linguistiques d'horizons bigarrés.

LES FRANCISMES

La plupart des chanteurs camerounais qui utilisent les langues du terroir dans leurs chants empruntent des termes issus de la langue française pour capter l'attention du public ou pour mettre en exergue les messages clés qu'ils voudraient lui adresser. Ceci est tout à fait pragmatique, puisque le français est la langue qui, par son statut de langue officielle et sa force démographique, constitue le principal superstrat. On peut relever à cet effet les chansons de Marole Tchamba qui utilise en principe sa langue maternelle medumba (bangoulap précisément) pour promouvoir le benskin, qui est justement un rythme propre aux ethnies de la région de l'Ouest Cameroun d'où elle vient. Mais quelquefois, elle emploie des termes français pour tenir son auditoire hétérogène en haleine, et donner une idée des thèmes et des messages qu'elle transmet dans sa langue maternelle. C'est le cas avec l'expression *histoire d'amour* qu'elle utilise en paraphrase apposée dès l'entame de la chanson, ceci pour expliquer le terme *kongne* qui est le thème principal traité dans la chanson.

(1) Te kongne oh, te kongne oh, **histoire d'amour** (*Kongne*)

Bien d'autres chanteurs arpentent également ce sentier :

(2) Maman Odile. Mema mema Odilia…. Me mankob
(Tonton Ebogo, *Maman Odilia*)

(3) Ndolo éh ndolo éh, ndolo **comment ça va ?** …
(Kareyce Fotso, *Ndolo*)

(4) Africain i tondi moni […] mbala oh salon […] **Côte d'Azur** […]
mbala au **salon** bolamaba moni […]
(Sergeo Polo & Guy Lobe, *Africaine*)

(5) Ewande o yé dig **Menteur**, ou tabé **sérieux** éh
(Mango, *Romance Ewand'am*)

(6) Na ma poulina oh bi yé na né wa **coucou** oh **je suis là** […]
(Charlotte Dipanda, *Coucou*)

(7) Fe ma ding gnié a ne **sérieux,** a gnié a ne **amoureux** emboi na
capricieux a dig papa ndadieux […]
(Linda Raymonde, *Forme O*)

(8) If you sabi sé sofa di péh, na for Yawé-é
If you carry bèlè ma sister, make you no trowé-é
a now sé I no izi, **mais on va gérer**. Allé, allé allé mama allé […]
(Mr Leo, *On va gérer*)

Les occurrences en langue française *maman Odile*, *comment ça va*, Côte d'*Azur*, *salon, je suis là*, *coucou*, bébé, *menteur*, sérieux, capricieux, *on va gérer…* renseignent tous les locuteurs non natifs ou non compétents dans les langues éwondo, douala, bassa et pidgin-english dans lesquelles sont produites ces chansons sur les principaux thèmes qui y sont abordés . En dehors des francismes, les anglicismes abondent aussi dans les chants en langues nationales camerounaises.

LES ANGLICISMES

Tout comme avec le français, de nombreux termes anglais apparaissent dans les chansons des Camerounais. En voici une séquence illustrative.

(9) I love you Bafoussam ! Fessap Fessap Fessap éh
Oh-oh ngé ngo ya Fessap
Fessap se mbe wa Paris, Fessap se mbe wa **New-York**.
(Keng Godeffroy, *Bafoussam*)

(10) […] **We love you Mandela** (bis)
Mandela a
(Petit Pays, *Mandela Axania*)

(11) Ou bien
Espèce de **looser**, la vengeance est un plat qui se mange froid
(Coco Argentée, *Coco argentée carbure*)

(12) La musique et moi, **forever** c'est juste une affaire de […]
Je remercie Jah, il a le contrôle de ma **life**
(Mballe Mballe, *Dieu m'a donné*)

(13) Africaine i tondi **moni** éh-éhé […] mbala au salon bolamaba **moni** […] bobi na woh-é
(Sergeo Polo & Guy Lobe, *Africaine*)

(14) Et moi j'aimais écouter ça
En solo, **all alone**, tout seul, etam, etam. […]
Elle avait mis un petit décolleté
Un p'tit **blue jean** bien serré…

(Donny Eldwood, *Salomé*)

Loin d'être fortuit, l'usage des items *I love you Bafoussam*, *we love you Mandela*, *looser*, *forever*, *life*, *moni* (de l'anglais money), *all alone*, *blue jean*… dans des chansons en langues française et camerounaise sont d'abord et avant tout une façon pour les chanteurs, surtout lorsqu'ils sont des natifs francophones, de faire valoir l'atout de bilinguisme officiel et individuel qui caractérise le Cameroun d'une part, et un désir d'agrandir leur public à l'auditoire anglophone du pays et d'ailleurs d'autre part. En d'autres mots, en même temps qu'ils veulent séduire le plus de consommateurs possible sur les plans national et international, ils voudraient également passer le message selon lequel ils sont unis et se sentent intégrés dans un pays où l'anglais constitue l'une des deux langues officielles.

À ce niveau, force est de remarquer que les chansons en langues substratiques camerounaises empruntent avant tout aux deux superstrats que sont le français et l'anglais. Ceci est sans surprise, car lorsque des langues, aussi étrangères soient-elles, sont protégées par l'instrument glottophage qu'est l'État à travers des statuts prestigieux et d'autres privilèges infinis, elles sont d'office prédisposées à imposer leur dictature aux langues identitaires presque abandonnées à elles-mêmes (Echu, 1999), (Bitja'a Kody, 2001, 2004), (Piebop, 2015, 2018, 2019).

De plus, il faudrait noter que la globalisation, dont l'un des pans constitue actuellement l'invasion du monde par les progrès technologiques anglo-américains surtout, ne laisse pas beaucoup de choix aux langues locales qui se voient dès lors obligées d'emprunter, que ce soit par nécessité, par goût du luxe ou par exotisme, pédantisme et mimétisme des termes anglais ou français dans leurs textes, afin de s'arrimer aux nouvelles donnes de la société moderne. Inversement, certains de ces chanteurs font également des efforts pour imprimer leur identité camerounaise lorsque les langues principales des chansons sont le français ou l'anglais.

L'EMPRUNT AUX LANGUES CAMEROUNAISES

Le contact de la multitude de langues en présence sur le territoire camerounais les amène à entretenir des relations extrêmement complexes. Néanmoins, l'on note que tout comme les artistes insèrent des termes anglais et français dans leurs chants, le schéma inverse se produit également lorsque les chants sont produits dans les deux langues officielles. Les cas les plus représentatifs de ces emprunts se répertorient dans les langues éwondo, douala et bassa qui, on l'a déjà dit, seraient vues comme des langues musicales par certains. Quelques exemples le certifient.

(15) **Ndolo-ndolo, ndolo-ndolo**, j'ai besoin d'un mari qui va m'aimer [...]
Ngweha-ngweha, ngweha-ngweha, j'ai besoin d'un mari qui va m'aimer
(Adela Bikim, *J'ai besoin d'être aimée*)

(16) Moi je ne voulais pas devenir **kengué** dans la société
Mirabeau **Ebang** [...]
Mimi **Tchamba**
(Longue Longue, *Kirikou*)

(17) **A ndolo-oooho**, Every body thinks about you
You are so beautiful, **ah ndolo**

You are so beautiful
Ah ndolo.
(Ben Decca & Daphne, *Ndolo*)

(18) [...] Est-ce que toi même tu n'aimes pas l'**ekondo**
[...] Comme une jeune fille dans son **kaba ngondo**
Dans son **kaba ngondo**
Dans son **kaba ngondo**
(Tenor, *Kaba Ngondo*)

(19) Vous êtes jolies les **maboya-oh**, bébés-vous êtes jolies
Si je meurs, si je meurs amenez-moi
Amenez-moi à **Balengou**
(Guy Watson, *Mignoncité*)

(20) Si c'est le **tobassi** que tu me donnes, donné bébé ça marche
Si c'est la tête mâchoiron dans ton **mbongo**, bébé ça travaille
(Salatiel, *Mon bébé*)

(21) Mado tu fais quoi dans la vie de **Kemayo-éh**
Pourtant tu sais bien que c'est l'homme d'autrui
(Mr Leo, *Kemayo*)

Tous ces segments de chansons sont exécutés en français ou en anglais. Mais dans une visée identitaire, des termes provenant des langues autochtones y sont insérés. Cette technique permet aux chanteurs de mieux s'approprier ou se réapproprier ces deux langues officielles d'importation. En effet, on peut isoler dans les extraits les anthroponymes *Ebang*, *Tchamba*, *Kemayo*, de même que le toponyme *Balengou* et les xénismes ndolo, ngwéha, kengué, ékondo, kaba ngondo, tobassi, mbongo, *etc.* qui permettent aux chanteurs de contextualiser leurs chansons et de les internationaliser en même temps grâce à l'usage du français et de l'anglais qui sont justement des langues internationales. Ceci étend leurs cibles potentielles à toutes les communautés francophones et anglophones du monde. Qui plus est, l'intervention de ces termes dans les chansons réveille encore plus la fibre patriotique des Camerounais de la diaspora et les convainc davantage de consommer les produits venant de leurs pays respectifs et de leur continent tout court.

Ces emprunts identitaires apparaissent aussi dans les textes en français et en anglais pour combler les vides terminologiques créés par les langues qui, parce qu'elles ne sont pas originaires du terroir, deviennent inaptes à traduire avec exactitude certaines réalités relevant de la sémioculture camerounaise, et que Manessy (1994) désigne par le terme sémantaxe. La théorie de l'emprunt à la langue minoritaire est suffisamment claire à ce sujet lorsqu'elle pose que lorsqu'une langue (le français ou l'anglais ici) présente des carences expressives en matière locale, les langues dominées du terroir, moyen d'expression par excellence de la culture, constituent des réservoirs terminologiques prioritaires pour la langue majoritaire. Chacune d'elles propose un terme candidat à l'emprunt minoritaire (Bitja'a Kody, 2000 : 259).

En outre, il faudrait également relever qu'il n'y a pas que les langues officielles qui empruntent aux langues autochtones. Loin de se limiter à des rapports verticaux, les rapports horizontaux les caractérisent aussi, tel qu'on peut le notifier dans l'extrait ci-dessous.

(22) Ndolo-éh, ndolo-éh ndolo (douala)
Yyamela (fèfèe)
(Kareyce Fotso, *Ndolo*)

(23) Malande, Malande (douala)
Ewande O tabé (bassa) sérieux
[…] Ou yé dig (bassa) menteur
(Mango, *Romance Ewand'am*)

(24) Ma ding wa a nom éé, ma ding wa (éwondo)
[…] Ngué kong-wu é nge kong wu-éé (bamiléke)
(Letis Diva, *Konwu dance*)

(25) Me ju' mba ta num u douala mbé oh Johnny
Mbe u keu ben ne zi nda Johnny
Mbe u tche' ba chunda Johnny […] (medumba)
Ekié wa djang dzé (éwondo)
(Ange Bagnia, *Johnny*)

(26) Bod be se ba kom a ding-oh yélé (éwondo)
Ma yomse na matongo na boba béndi no […] (douala)
(Claudia Dikosso, *Quand je tourne*)

Ces emprunts mutuels entre les langues nationales camerounaises témoignent du dynamisme dont jouissent ces dernières. Les chanteurs, qui n'en sont pas forcément locuteurs natifs, les utilisent alors dans le but de promouvoir la diversité culturelle et linguistique qui caractérise le pays, de même qu'ils les utilisent comme des éléments facilitateurs pour créer la familiarité avec les ressortissants de ces aires culturelles et faire d'eux des consommateurs de leurs chansons. Les chants en plusieurs langues nationales deviennent alors un signe d'intégration nationale et à ce sujet, l'interactionniste Zongo (2008 : 98) signale que « les choix linguistiques dans un contexte d'hétérogénéité ethnolinguistique [comme celui du Cameroun] correspondent à des stratégies communicatives ». Et à y voir de près, le cas du Cameroun souscrit bien à cette théorisation par le désir de recruter des fans venant de partout à travers des chants plurilingues ou dans des langues autres que celles des musiciens.

LES HYBRIDISMES

Par langues hybrides, il faudrait entendre celles qui sont nées du métissage d'une multitude d'autres langues. Au Cameroun, deux d'entre elles émergent particulièrement, à savoir le pidgin-english et le camfranglais, encore appelé CFA ou *mboa* (Piebop, 2019). L'appellation *langue* pour désigner celles-ci ne fait pas l'unanimité au sein des chercheurs, car certains pensent qu'elles n'ont pas de système linguistique autonome et, par conséquent, ne les classent pas parmi les langues camerounaises (Tabi Manga, 2000 ; Tadadjeu, 1988 ; Nzesse, 2005). C'est d'ailleurs la raison pour laquelle Ntsobe *et al.* réfèrent à l'appellation *parlure* pour le désigner le *mboa*. Qu'à cela ne tienne, cette étude se passera de toute polémique et adoptera la terminologie de langue pour désigner ces dernières, car leur influence est telle qu'elles constituent actuellement de sérieuses entraves à l'épanouissement du français et de l'anglais au Cameroun.

Pour ce qui est du pidgin-english, c'est la langue la plus parlée au Cameroun. Grâce à l'extrême souplesse de son système qui assure sa grande véhicularité, elle permet l'intercompréhension entre tous, même si les plus instruits préfèrent parfois l'ignorer (Piebop, 2015). Le pidgin-english est dominé par un vocabulaire anglais dont les formes sont très souvent altérées, des termes provenant du français, des langues endogènes et d'autres pays d'Afrique et du monde. Il en est presque de même pour le mboa qui revendique une identité authentiquement camerounaise (Cam), mais qui tient également à son héritage historico-culturel français (fran) et anglais (glais), tel que le traduit le mot-valise *camfranglais* qui désigne l'une de ses appellations. Originellement réservé à la jeunesse marginale (Piebop, 2016), il s'est par la suite débarrassé de cette étiquette péjorative et a rapidement étendu son auditoire à tous les jeunes et même aux moins jeunes des centres urbains surtout (Piebop, 2019).

Autrement dit, le mboa et le pidgin-english sont des langues identitaires et emblématiques. Les musiciens l'ont compris. Voilà pourquoi, quelles que soient les langues dans lesquelles ils chantent, ils s'arrangent, pour les plus futés, à y couler ces langues. Et à ce titre, depuis que l'unité des Camerounais a pris un coup à cause de la fameuse « crise anglophone », ce sont les chansons enrichies de ces deux langues qui gagnent le plus en popularité, car elles rappellent aux Camerounais qu'ils sont « un et indivisibles ». Ce constat précise davantage la position de Wald (1996 : 74) sur le choix du code linguistique, car pour lui « le choix du code reflète une prise de position du locuteur par rapport aux facteurs de l'interaction. C'est par ces prises de position qu'on voit apparaître, concrètement, dans le cadre de l'interaction, les effets de la diversité linguistique de la société ». C'est ce qui se dégage de cette suite avec des emprunts au pidgin-english.

(27) Écoute-moi, mon bébé si je bolo c'est pour toi

Girl a no go lie because the love way a get for you no go die

[…]

(Mr Leo, *On va gérer*)

(28) Yomsa loko sa, sa ngando
Njomba no bi maréte oh ah oh-oh
Njomba no bi maréte-oh, any woman must fine hi man-oh
Njomba no be maréte
(Nicole Mara, *Homme marié*)

(29) Un mari cabaleur ça pleurer tous les soirs tu seras seule au lit [...]
If you no serious-éh pass/ pass-pass
A no di wan mi san-san boy
(Nono Flavy, *Maris cabaleur*)

(30) Today na today, aujourd'hui c'est le jour de notre mariage [...]
(X-Maléa, *Mariage*)

(31) C'est la sokcellerie ? **Na soso boulot wou na di wét noh**
C'est la sokcellerie ! –Yaaahh
(Nernos, *Dieu est camerounais*)

(32) Other girls di wést na dia time
Déh di boil na beans
Déh go wash hand for we (pidgin-english)
Mi and you for liv
Because everybody knows
Even God in heaven knows (anglais)
(Salatiel, *Toi et moi*)

L'analyse est similaire avec les items provenant du mboa dans la suite ci-après :

(33) Même dans la galère il faut supporter, même dans le **nguémé** il faut supporter
(Loko, Mister Leo, *Supporter*)

(34) Nous on veut **ya moh** parce que les bons gars sont rares [...]
(Tenor, *Kaba ngondo*)

(35) Calée, calée calée calée […]
Le gars-là me **bolè** avec son regard je suis calée
(Daphne, *Calée*)

(36) Tu veux **djoum** dans le witch ?
On ne **tchop** pas le matin tu paies toi le taxi de 400 dollars ?
Comment on donne la **tchop** des gars du Nord vous allez mettre dans vos maisons […]
Même si c'est **njoh** vous prenez toujours le **tchoko**
(Nernos, *Dieu est Camerounais*)

(37) Écoute-moi, mon bébé si je **bolo** c'est pour toi […]
(Mr Léo, *On va gérer*)

Ces langues composites insérées par les musiciens dans leurs chants assurent la popularité de leurs albums, car ce sont des langues de ralliement des Camerounais. Quels que soient leurs horizons de provenance, tous s'y retrouvent et c'est pourquoi les artistes les exploitent à des fins de marketing.

LES LANGUES ÉTRANGÈRES

Les artistes Camerounais choisissent aussi souvent d'insérer d'autres langues étrangères que le français et l'anglais dans leurs chansons. Ceci peut se justifier par la présence de ces langues dans les programmes scolaires ou par la proximité des frontières géographiques et linguistiques.

(38) Nguo nguene o ding ma, écoute ton cœur oh **amore miyo** !
(Lady Ponce, Ça aussi prends cadeau)

(39) Je te ndolo, **te quiero mucho**, i love you ma go…

(X-Maléa, *Ndolo1*)

(40) On dit que le **negro** n'est jamais beau mais moi je suis **negro** et je suis beau [...]
(Donny Eldwood, *Négro et beau*)

(41) Señor Edou Moto de la Guinée Équatoriale [...]
(Lady Ponce, *Là là là*)

Les items espagnols *amore miyo*, *te quiero mucho*, *negro* et *Señor* s'identifient et se comprennent facilement par bon nombre de Camerounais, particulièrement ceux qui les ont étudiés comme deuxième langue au cycle du secondaire. Leur usage est également une aubaine pour les chanteurs de conquérir le marché musical hispanophone mondial. Les langues nigérianes n'échappent pas à ce phénomène.

(42) Je suis pas moi **boh-boh**
Noh je ne suis pas moi **boh-boh**
(Nernos, *Prendre le pourvoir*)

(43) La go là m'a marqué à vie
[J. Martins] : **Che ! I si nen Nfwami fem mem we Idji ti wé ram poungo Ogwe i no oh, Neka mou é é é**
You di only one for me, baby **muna kikébi i Kele mousso oh, Engkele kaï naba (tchai)**
(X-Maléa & J. Martins, *Mon ex*)

(44) Babah Master dey **chineké mé,** na so e dey oh [...]
I go be papa Cadeau like **Hoga** Ngouchinge oh
(Futurist, *One day*)

La musique nigériane voisine, qui est actuellement en pleine expansion, influence également considérablement la musique camerounaise, d'où des termes issus des langues de ce pays dans les chansons des Camerounais, tout comme les nombreuses sollicitations par les Camerounais des chanteurs nigérians dans leurs chansons.

Pour les mêmes raisons, les langues congolaises sont très prisées par les chanteurs du terroir qui soit se font aider par des Congolais soit chantent eux-mêmes en lingala. Entrent dans ce registre Lady Ponce, Longue-Longue, Sergeo Polo, Elvis Kemayo avec une reprise du titre à succès *Nzinzi* du Congolais King Kester, etc.

(45) Nako kou faté yo zambé é
Nako kou faté yo zambé nanga hi
Na kozela yomo kolo kozonga bo sou Manga
Na kozela yomo kolo kozonga bo sou Manga
Ko zambé oh, kou mama, /mbamo Langa [...]
Oh Zambé oh Kou Mama
(Longue Longue, *Je ne mourais pas*)

(46) Ooh-oh Nzinzi eh eh eh
Yo mobali mabe oh
Oh Nzinzi eh eh eh
Yo type kolo, Nzinzi eh eh eh
Yo type Kolo
Oh Nzinzi eh eh eh ...
(Elvis Kemayo, *Nzinzi*)

(47) Amour à deux, amour à vie
On s'unira plus que jamais
[B. Kanam] : Na cause là é, Bolingo na nga yé é Tika nga na yemba, bolingo ekomi hiya kobo ngela é Mabazo nanga nyonso oh Senayo Nzoto na nanga pesi yo makanisi nanga nyonso é Tika nga nayemba Sergeo Polo, Nako Soso wapi é
(Sergeo Polo et Barbara Kanam, *Amour à deux amour à vie*)

(48) [Lady Ponce] : J'éprouve des sentiments pour un ami, maman nde

maboya é mema…

[Koffi] : huummm mon ami, […] baby **sé bolingo, zabé la mutema, mutema nguizou minta moba yé** […] **Kasi ma siango, kou bouané** Lady Ponce **Ka souazi yangolo Kitolo kola sanga**

(Lady Ponce et Koffi Olomide, *Devine*)

Les emprunts au nouchi ivoirien et surtout aux rythmes et pas de danse provenant de Côte d'Ivoire occupent une place non négligeable dans la musique camerounaise. Ainsi en va-t-il du mapouka, du coupé-décalé, du zouglou, du yorobo ou encore des expressions ivoiriennes que l'on repère dans des chansons camerounaises :

(49) L'Europe ce n'est pas le paradis, il y a aussi la galère la bàs **dèh** […]
Arrêtons de lobotomiser le Cameroun **dèh**
(Coco Argentée, *Kamer*)

(50) Eh ah, Johnny, à ton âge, 45 ans
Activité principale, gigolo
Il faut avoir un peu honte, change **dèh**
(Ange Bagnia, *Johnny*)

(51) Mapouka serré, serré kos kpa […]
(Chimène Ngoly, *45 tours/Malablakola*)

(52) Ça se danse comme le décalé-coupé
Mais ce n'est pas le décalé-coupé
Comme du **mapouka**, le **mapouka** de check…
(Daniel Baka'a, *Pinguis*)

(53) Où sont les hommes […]
Les hommes **faro-faro**
(Lady Ponce, *Les hommes*)

L'expression *dèh*, utilisée par Coco Argentée et Ange Bagnia ici, est employée par les Ivoiriens en fin de phrase pour marquer une insistance. Il s'agit d'une particularité lexicale du français de l'Afrique de l'Ouest en général, vulgarisée par les séries, les films et surtout les chansons. De même, la popularité des rythmes et pas de danse ivoiriens très enlevés tels que le décalé-*coupé* et le *mapouka*, tout comme des termes nouchi comme *faro-faro* tiré du verbe *faroter*, ont fini par séduire les Camerounais, qui les ont repris, afin de reconquérir la tranche jeune de la population camerounaise qui était déjà presque convertie à ces rythmes d'ailleurs et séduire le public étranger.

On le voit, l'emprunt aux langues étrangères est très présent dans les chansons camerounaises, ce qui était déjà le cas avec les emprunts aux langues endogènes et composites, à en juger du total des 23 langues différentes (anglais, français, douala, espagnol, bassa, medumba, ghomala'a, yemba, pidgin english, mboa-camfranglais-, éton, éwondo, fèfee, balengou, lingala, nouchi, fulfulde, yabassi, medumba, bulu, igbo-ibiobio, haoussa, latin…) empruntées rien qu'à ce stade des analyses. Il s'en dégage alors un syncrétisme linguistique et rythmique qui contribue non seulement à une mise en valeur des langues et cultures locales, mais aussi une stratégie commerciale pour conquérir autant de mélomanes que possible. Ce qui n'est pas sans incidence sociolinguistique.

ALTERNANCE ET MÉLANGE DE CODES

L'alternance et le mélange de codes sont les principaux corollaires de l'emprunt. Par « alternance de codes »,

Gumperz (1982) voudrait signifier la juxtaposition, à l'intérieur d'un même échange verbal, des passages où le discours appartient à des systèmes ou sous-systèmes grammaticaux différents. Lorsque la juxtaposition est interphrastique ou d'un énoncé à un autre, on parle d'alternance codique. Par contre, lorsqu'elle est plutôt intra-phrastique, il s'agit du mélange de codes. Les textes des chanteurs sont essentiellement composés de ces genres de changements de codes linguistiques.

(54) Je n'ai même pas pu écrire un mot, pour te dire que je t'aime (français)
Na tondi wa (douala)
Mé kong wu (bamiléké)
Mi yidima (fulfulde)
Solantine-eh
(Sergeo Polo, *Solantine*)

(55) Eding dzam (éwondo) ma chérie tu te débrouillais (français)
Owé abog bing nga to ban (éwondo)
Wa yen men nga ding wa (éwondo)
Sans condition
J'ai sacrifié (français) [...]
(Letis Diva, *kongwu dance*)

(56) Maintenant que l'argent est là tu veux me barrer oh
Maintenant que (français)
Moni don fall (pidgin-english)
Tu veux me zinguer (français)
(Sergeo Polo, *No try me*)

(57) On y va : (français)
Djeme djeme djeme pilè, é-à (béti)
Neung neung neug fang moh-wè, é-à (bamiléké)
Mwassa mwassa mwassa yombo, é-à (douala)
Saga, saga, saga, sègeèsgwè (bassa)

É-à, débo, débo, débo yourloukess, é-à (fulfuldé)
(Letis Diva, *Kong wu dance*)

Ces exemples illustrent des mélanges de codes où on retrouve dans les mêmes énoncés et phrases des extraits provenant du français, de l'anglais, du douala, du bamiléké (yemba), du bassa, du beti, du pidgin-english et du fulfulde, ce qui est quelque peu différent avec l'alternance de codes.

(58) Ton bébé a de la fièvre, transpirant la nuit iii
Mère, mère inquiète, tu espères qu'il ira mieux (français)
[…] Can you feel it
The music playing everywhere you go
Malaria treatment no forget your dose (anglais) […]
Yo ma dibo wa ayé, yo ma dibo yé e ma mbamba sa ndinga mwa o a na mwèse ya é biyè Aya (douala)
(Petit Pays *et al.*, *Malaria no more*)

(59) [C. Dipanda] : Après de longues attentes les vides, décevant de son absence […]
Les rayons de l'aurore les talents féminins, illuminent désormais le golfe de Guinée
[R. King] : After waiting for long, and just waited
Disappointing, emptiness of his absence […]
The beams of the dawn of the women's African cup of nations
Illuminate the gulf of Guiney
(Charlotte Dipanda, Richard King, *Hymne de la CAN féminine Cameroun 2017*)

(60) Je dédie cette chanson à tous les papas délinquants (français) […]
Mumi Nu vi nave mi lari, […]
Tara mou A wo, Zambi ki tou lè mè (kwasio ou ngoumba)
Ayo mayan o Assimba oh mboug noun oh […]
Eh Assimba O Wèh (éwondo)
Pourquoi nyongo dans les mapanes ? (camfranglais)
(Annie Anzouer, *Garde ton bébé*)

Les alternances et les mélanges de codes opérés par les chanteurs camerounais cherchent à créer une symbiose et, bien plus, une sécurité linguistique entre toutes les langues du Cameroun, et même d'ailleurs, car ils estiment que tous les Camerounais s'y retrouvent et se sentent interpellés et intégrés. Pour cette raison, les alternances et les mélanges de codes sont tellement denses qu'une chanson à elle seule peut contenir plus de six langues (Sergeo Polo avec *Solantine*, Letis Diva avec *kongwu dance*, *etc*). À côté de l'emprunt qui définit la chanson camerounaise, d'autres particularités formelles, dont la dérivation, sont également perceptibles.

LA DÉRIVATION

D'après Dubois *et al.* (2001 :136), « la dérivation peut désigner de façon générale le processus de formation des unités lexicales ». Plus clairement, ce processus de formation consiste en l'adjonction d'affixes ou la suppression de ces derniers à des mots afin d'en former de nouveaux (Piebop, 2015). Ceci permet de distinguer plusieurs types de dérivation, à savoir les dérivations régressives, suffixales, préfixales et parasynthétiques. Des formations de ce genre abondent dans la chanson camerounaise, mais avec un point d'honneur mis sur la dérivation suffixale, qui constitue presque exclusivement le processus de formation de mots le plus affectionné par les chanteurs camerounais.

(61) [...] J'ai trouvé mon gars, qui m'a **bellegotisée**, qui m'a **kaolotisée,** qui a changé ma vie
[...] Coco Argentée aujourd'hui belle go Kamer
Coco Argentée aujourd'hui kaolotisée
(Coco Argentée, *Coco Argentée carbure*)

(62) [...] Mignon, **mignoncité** mignon, **mignoncité**
(Guy Watson, *Mignoncité*)

(63) **Élégancia** la danse des mignons
Élégancia la danse des mignons
(Narcisse Prize, *Élégancia*)

(64) Mes amis l'Europe ce n'est pas le paradis
Les **mbenguetaires** vous font rêver
Mais ils ne vous disent pas la vérité.
Ancien **parigos** c'est mauvais
Ancien **parigos** c'est mauvais
(Sergeo Polo, *Ancien Parigos*)

(65) Papa oh, sors de la cuisine [...]
Tout ça pourquoi, à cause du **ndog-bidhisme** [...]
Eux disent que leur père est ndok
(Dynastie et Moustik, *Papa sors de la cuisine*)

Le suffixe français *–isée* est adjoint au terme hybridé par composition du français *belle* et du camfranglais *go (fille)* pour former le participe passé *bellegotisée* qui signifie rendre belle une fille. Le même suffixe a été accolé au nom camfranglais *kaolo* (papiers, documents d'immigrants) pour générer *kaolotisée* qui, au sein de la diaspora, veut dire obtenir des papiers légaux d'immigrant dans un pays étranger, régulariser sa situation d'immigrant, sortir de la clandestinité. Pour ce qui est du nom élégancia, il est obtenu à partir du nom français initial élégance auquel a été ajouté l'affixe *–cia* pour former le nom de cette nouvelle danse créée par Narcisse Prize pour les Mignons, c'est-à-dire des personnes élégantes, bien mises. Ce mot est d'ailleurs synonyme de *mignoncité,* autre mot promu par

Guy Watson, qui en fait est le titre et le refrain d'une de ses chansons. Formé de *mignon–* et *–cité*, il renvoie toujours à la classe, au charme, le fait d'être mignon tout court. Le terme *mbenguetaire* est également une composition métissée du mot bassa *mbengue* et de l'affixe français *–taire* pour désigner les Camerounais résidant en Occident. *Parigos* quant à lui est formé sur la base du radical et toponyme *Paris* et *–gos* pour renvoyer à ceux des Camerounais qui ont séjourné on France en général et à Paris précisément. Quant à *ndok-bidhisme*, il est hybridé sur la base du terme éwondo *ndog bidhi*, c'est-à-dire gourmand, et de l'affixe français *–isme* pour former un substantif référant à l'art de la gourmandise.

L'ABRÉVIATION

L'abréviation se rapporte à la réduction des termes en général (Dubois *et al.* 2001 : 43) pour des raisons d'économie, d'effort de prononciation, de temps, d'écriture, *etc.* Que ce soit par apocope, par syncope ou par siglaison, l'objectif principal consiste à diminuer afin de simplifier les termes impliqués dans cette entreprise (Piebop, 2015). Les chanteurs camerounais utilisent régulièrement ce procédé linguistique dans leurs chansons, afin de les rendre plus accessibles au public. Ces exemples en rendent compte :

(66) Nous on est **kwat** et on dit Hein père !!!
(Stanley Enow, *Hein père*)

(67) Qu'est-ce qui se passe mon frère **kamer** ?
(Mani Bella, *Face-à face*)

(68) [...] Voici les **dohs** et voici le ndolo oh si on te demande de choisir- é
Je choisis les **dohs**
(Armand Laklass, *L'homme c'est les reins*)

(69) Preya for me, I beg wuna praya for me **DJ** Kessy
(Futurist, *One day*)

(70) Le pater, la mater et les **mbindi res** [...]
(Koppo, *Si tu vois ma go*)

Les mots *kwat*, *kamer*, *doh*, *mbindi res* et *DJ* sont les formes contractées des termes *quarter* (anglais), *Cameroun* (français), *dollar* (anglo-américain), *mbindi rese* (camfranglais) et *disk jockey* (anglais). Ces termes sont utilisés dans les chansons parce qu'ils sont populaires. Leur usage par les chanteurs crée donc une certaine complicité avec les populations.

LA NÉOLOGIE

En plus d'employer des expressions réduites à leur plus simple expression, les musiciens camerounais rendent également leurs chansons attrayantes au moyen des créations nouvelles telles que déjà mentionnées avec élégancia, *mignoncité*, *ndok-bidihsme* et plusieurs autres créations des musiciens pour marquer ou singulariser leurs chansons (le pédalé, le zingué-moto...) :

(71) Même si ce mot n'a pas de sens, aujourd'hui on n'est pas sérieux
On dit **tchokol**
tchokol
tchokolo-éeh
(X-Maléa, *Tchokolo*)

(72) Récupère la petite, angoise la petite et maintenant colle la petite […]
San, san **sanga, sanga** la petite
(Franko, *Coller la petite*)

(73) On a **nang,** on a **boubla,** on a **sekele** toute la nuit
(Sergio Polo, *mes habits*)

(74) Zinguer-moto, Xavier Lagafe tu connais
(comme à l'époque du **pédalé** avec Zélé Le Bombardier)
Pédaler, Oh Picca oh Picca sso
(Maahlox, Ça sort comme ça sort)

(75) Ro ro robot coq robo robo robo coq…
(Petit Pays, *Robot coq*)

(76) J'avais décidé qu'il faillait une nouvelle danse
J'avais marre des autres danses […]
Ensuite je créai le **Pinguis**
On adopta le **Pinguis**
(Daniel Baka'a, *Pinguis*)

Comme le dit la chanson dans le premier exemple, le mot *tchokolo* n'a pas de sens, mais il sert juste d'élément catalyseur pour créer une ambiance de festivité. *Sanga* quant à lui a été créé pour mieux reprendre à la camerounaise l'expression *coller la petite* par le musicien Franko. *Boubla* et *sekele*, créés et vulgarisés avec brio par le célèbre humoriste Jean Miché Kankan dans sa célèbre pièce *La Fille du bar*, sont des reprises qui traduisent avec moins d'impudeur les ébats amoureux. En rapport avec *robot-coq*, *zingué-moto, pédalé* et *pinguis*, ce sont des noms de pas de danse créés par les musiciens et qui, comme leurs noms l'indiquent, se dansent en imitant des robots, les gestes effectués pour conduire une motocyclette ou pour pédaler un engin et en combinant plusieurs autres pas de danse respectivement.

Ainsi, au niveau formel, les musiciens camerounais se servent de plusieurs procédés linguistiques pour meubler leurs chansons, ceci dans le double but de les internationaliser d'une part et d'y imprimer leur idiosyncrasie d'autre part, ce qui se ressent d'ailleurs sur les signifiés des termes qu'ils emploient dans ces chansons.

LES MUTATIONS SÉMANTIQUES

Pour donner une couleur plus locale à leurs chansons et bien plus pour emporter l'adhésion du plus grand nombre de mélomanes des villes et des campagnes du Cameroun et d'ailleurs, la plupart des chanteurs misent sur les sens des mots pris dans les langues utilisées. Et à partir de leurs choix sémantiques, se déduit en général leur moralité ou leur éthique musicale, ceci dans la mesure où celle-ci transparaît dans les différents sens que ces auteurs attribuent à leurs chansons, et qui permettent de les classifier dans des registres particuliers. De là donc à relever le lien profond qui unit la sémantique à l'éthique dans les chansons des Camerounais, il n'y a qu'un pas allègrement franchi. En fait, en fonction de leurs objectifs, les chanteurs peuvent opter pour des extensions des sens des mots qu'ils utilisent, ainsi qu'on peut le voir dans ces extraits :

(77) Récupère la **petite**, angoise la **petite** et maintenant colle la **petite**, coller, coller coller
(Franko, *coller la petite*)

(78) Une fois devenu cadre tu m'as court-circuité pour une **waka**
Qui n'a même pas souffert pour toi

Pourtant dans ta galère j'étais là [...]
(Coco Argentée, *Coco Argentée carbure*)

(79) Aujourd'hui je peux vivre sans toi
Même s'il est vrai que je te **ya** toujours **moh**
(X-Maléa, *Ndolo 2*)

(80) Papa, maman n'est pas là je vais profite
Regarder les films interdits
(Petit-pays, *Papa est sorti*)

(81) Nous on veut **ya moh** parce que les bons gars sont rares
(Tenor, *Kaba Ngondo*)

En français camerounisé, l'adjectif *petite* peut se transcatégoriser et se substantiver, ainsi que le témoigne l'article *la* qui le précède dans l'exemple liminaire. Et contrairement au français standard, il ne détermine plus, mais possède un sens plein très générique. En fait, il renvoie ici soit à la petite amie, soit à la copine, soit encore à toute personne de sexe féminin, quel que soit l'âge, en boîte de nuit tel que le suggère le présent contexte. L'emploi générique est aussi valable pour le substantif également transcatégorisé, puisque *waka*, tiré du verbe anglais *to walk*, en général désigne les prostitués. Il peut aussi référer à une inconnue, un quidam, une profiteuse comme c'est le cas ici. *Ya moh* est une formation par composition camfranglaise pouvant être classée dans plusieurs catégories grammaticales à la fois, et qui renvoie à l'amour, y compris l'amour fraternel, charnel platonique, anodin, ou encore à la préférence, au plaisir pour une chose ou pour un concept. Le système de parenté très étendue qui règne en Afrique prédispose tout le monde à être le parent de tout le monde. C'est pourquoi les *papa* et *maman* auxquels Petit-pays fait référence renvoient à la fois aux parents utérins ou génitaux, aux oncles et tantes, aux tuteurs ou tutrices ou à toute personne des deux sexes ayant la garde des enfants.

À côté de ces mots dont les sens sont généralisés, il en existe d'autres produisant l'effet contraire, que l'on rencontre également dans les chansons camerounaises.

(82) Piloter, je vais te **piloter**
Piloter, je vais te tourner ça
Tu vas devenir obéissant
(Coco Argentée, *Piloter*)

(83) Kemayo **on fait comment** ?
Ce sont mes sentiments, pardon faut pas m'en vouloir
(Mr. Léo, *Kemayo*)

(84) Je t'assure tu vas me donner
Donne-moi les choses, les choses, les choses
(Tonton La Bombe, *Donne-moi les choses*)

Plutôt que d'accroître les sèmes d'un mot comme le fait l'extension sémantique, la restriction de sens les diminue plutôt. C'est pourquoi du mot *piloter*, qui consiste à manipuler des boutons pour faire fonctionner un engin, le présent exemple ne retient que le fait de rendre obéissant, le fait d'éduquer, de dresser. De même l'expression *faire comment* ne signifie plus se démener pour trouver des solutions à un problème ou une situation quelconque, mais précisément comment faire pour se retrouver dans un environnement qui favorise des relations sexuelles. L'analyse est la même pour le terme *donner les choses* qui suit. *Choses* décroît de son acception vague de *trucs, astuces, objets, quelconques* pour désigner avec exactitude les rapports sexuels que le chanteur exige de façon détournée parce qu'il n'en peut plus de se laisser duper par une fille.

Il peut aussi arriver que les sens des mots glissent et les amènent à changer de connotation. Cet autre processus est très prisé par les chanteurs camerounais, surtout lorsqu'il est question de traiter des sujets obscènes qui se taillent la part belle en matière de thèmes abordés sur la scène discographique camerounaise. Ces types de sujet demeurent d'ailleurs décriés par plusieurs personnes et organismes au rang desquels le quotidien *Émergence* dans sa livraison du jeudi 29 octobre 2015, où il relève qu'aujourd'hui au Cameroun, les chansons les plus populaires « sont des chansons pleines d'obscénité et de vulgarité ».

Au cours de cette entreprise de pornographisation de la chanson au Cameroun, se crée, ainsi qu'on l'a déjà signalé, une étroite relation entre les choix des termes (lexique), leur ordre d'apparition dans les énoncés (morpho-syntaxe), leurs différentes significations (sémantique) et surtout l'éthique traduite par les choix des différents agencements. Autrement dit; les chanteurs camerounais recourent à des processus linguistiques précis, en fonction de l'adhésion ou pas de leurs thèmes ou sujets à la moralité collective camerounaise. À ce titre, le changement de connotation s'avère être un processus très fécond, lorsqu'il est question pour ces chanteurs de traiter de façon voilée des sujets considérés comme tabous par les us, coutumes et autres règles de bonne conduite en société camerounaise et, partant, africaine tout court. Une petite démonstration :

(85) Il va te **cogner** comme s'il venait de Kodengui [...]
(Coco Argentée, *Dans la tanière*)

(86) Petit à petit la **panthère** want be na titulaire
Mado- éh-eh dourou dourou-éh
(Mr. Leo, *Kemayo*)

(87) Aujourd'hui même s'il y a **la piscine**, je vais seulement **nager**
(Tonton La Bombe, *Donne-moi les choses*)

(88) J'vais te dire ça en langage du kwat :
Je ne **donne pas le lait** [...]
(Duc-Z, *Je ne donne pas le lait*)

(89) [...] Done petite sœur dé au carrefour, **sang à l'œil**
Anything wé you wantam na fap kolo [...]
(Salatiel, *Fap Kolo*)

Cogner signifie contextuellement faire l'amour à une femme à la manière d'une brute. Une *panthère* renvoie ici non pas à l'animal sauvage, mais à une prostituée, une plumeuse, une briseuse de cœur, par analogie aux sèmes + sauvages, + griffes. De même, l'analogie de la piscine et de la nage dont il est question dans le troisième texte témoin réfèrent aux menstrues d'une personne de sexe féminin (piscine), qui cette fois ne pourront pas empêcher le locuteur qu'elle berne tout le temps de *nager,* c'est-à-dire d'entretenir des relations sexuelles avec elle, car il est décidé à en découdre avec elle. Quant à Duc-Z qui *ne donne pas le lait*, il voudrait simplement reprendre autrement l'expression *avoir le sang à l'*œil contenue dans la chanson de Salatiel, qui signifie que l'on s'en fout, que l'on n'en a cure, parce que l'on est coriace, dévergondé, strict, sévère.

S'il y a un constat à faire à ce stade du travail, c'est

bien que la chanson camerounaise est dominée par des messages sémantiquement dévergondés qui, pour souscrire à l'exigence de pudeur que l'on reconnaît à l'Afrique, sont dissimulés très souvent dans des imageries ou analogies sémantiques. En fait, il faudrait noter que les imageries font partie des traits spécifiques du langage des Négro-Africains en général, qui les utilisent comme moyen privilégié de communication pour manifester et exprimer une vision du monde toute particulière. En fait, cela tient de leur mode de vie très proche de la nature, qui les amène à raisonner par association d'idées, en se fondant sur les faits empiriques, qu'ils convertissent en symboles dans leurs raisonnements. Soulignant les potentialités de cette particularité du discours négro-africain, Ahmadou Kourouma (1997 : 139), initiateur du phénomène d'africanisation du français, disait que « c'est l'image analogique qui donne à la parole africaine le surréalisme que l'écrivain africain tente par des proverbes de donner à la prose dans la langue de l'ex-colonisateur ».

On comprend mieux pourquoi les chanteurs jettent leur dévolu sur cet art pour traduire les tabous, ces choses prohibées par leurs conventions socioculutrelles et qui, de ce fait, ne doivent simplement pas être dites explicitement. D'où cette propension à une approche crypto-sexuelle dans les textes des chanteurs camerounais.

LES CALQUES

Les calques sont des emprunts, mais plutôt des emprunts partiels, dans la mesure où, contrairement aux emprunts de sens strict qui prennent en ligne de compte à la fois les lexies et leurs signifiés, les calques quant à eux n'empruntent que les arrangements structurels provenant d'autres systèmes linguistiques. En d'autres mots, ce sont des traductions littérales.

Qu'elles soient locutionnaires ou syntaxiques, plusieurs expressions puisées des langues du terroir sont en effet transposées dans le français et l'anglais et même dans les langues composites que sont le pidgin-english et le mboa ou CFA. Ceci crée de nombreux usages qui passent pour être des agrammaticalités dans ces langues d'arrivée, mais qui sont tout à fait corrects pour les Camerounais qui se souviennent à chaque fois d'expressions similaires dans leurs langues autochtones. Les chanteurs en profitent alors pour exploiter cette fibre identitaire qui à coup sûr augmente leur popularité. Ce type d'expression se retrouve dans les morceaux de chanson suivants :

(90) Tu n'as pas honte, **quitte derrière les problèmes**
(Ange Bagna, *J'ai remarqué*)

(91) Ça sort, ça sort, ça sort comme ça sort.
(Maahlox, Ça sort comme ça sort)

(92) Tu as déjà vu quoi et vous les femmes ?
(Ndedi Eyango, *You must calculer*)

(93) Tu vas sauf que, sauf que damer le pion
(Letis Diva, *Tu me…*)

(94) J'vais te dire ça en langage du kwat :
Je ne **donne pas le lait** […]
(Duc-Z, *Je ne donne pas le lait*)

(95) Prudence les gos ! Ils **ont le sang à l'œil, le foléré**
(Evalens Noah, *Hommes et mensonges*)

(96) C'est les formes que vous voulez voir ?

(97) Assh, le **goût de ça, le goût de ça** !
(Indira, *Le Goût de ça*)

Quitter derrière les problèmes engendre une agrammaticalité en français. Il est ici simplement question d'éviter les problèmes si on veut utiliser un français normé. De même, l'expression ça sort comme ça *sort*, qui est insensée en français central, recouvre tout son sens lorsque l'on la remet dans les langues maternelles du terroir d'où elle a été tirée, car elle veut dire : *advienne que pourra.* L'interrogation *Tu as déjà vu quoi ?* qui syntaxiquement ne connaît pas d'inversion du verbe, créant ainsi la faute en français normé, est en fait rhétorique dans son contexte initial et s'adresse à quelqu'un pour lui dire qu'il n'est pas encore au bout de ses peines. La tournure *sauf que + verbe à l'infinitif* vient indiquer que l'on n'a plus d'autre choix que d'être embarqué dans l'action ou l'état décrit par le verbe. L'expression endogène *avoir le sang ou le foléré à l'*œil, contenue dans la mise en garde d'Evalens Noah à l'endroit des filles et femmes, qualifie une personne stricte et sans vergogne, arriviste, prête à tout pour atteindre ses buts. Pareillement, la tournure typiquement camerounaise *c'est + la réalité sur laquelle on veut emphatiser + que tu/vous veux/voulez voir ?* est une façon bien rhétorique d'attirer l'attention sur un fait ou le mettre en exergue. Il est donc question de sublimer les formes évoquées dans l'exemple. *Le goût de ça*, dans les langues camerounaises, s'extasie simplement sur le goût exquis de ce dont on parle. Duc-Z en ce qui le concerne précise bien que son expression *ne pas donner le lait* est une transposition du style des quartiers du terroir. Elle signifie que l'on s'en fout, que l'on n'en a cure, parce que l'on est coriace, tout comme *avoir le sang à l'*œil d'ailleurs. Hormis les calques, de nombreux autres phénomènes impactent aussi considérablement la morpho-syntaxe de ces chants.

LES PARTICULARITÉS MORPHO-SYNTAXIQUES

Plusieurs phénomènes morpho-syntaxiques, c'est-à-dire ceux qui prennent en charge la forme et l'ordre d'arrangement des mots (Piebop, 2016 : 126), peuvent être mis en lumière dans les chansons exécutées par les Camerounais. Il s'agit en fait de particularités qui mettent à mal et enrichissent en même temps les systèmes linguistiques du français et de l'anglais standard, et qui en fin de parcours témoignent non seulement de l'appropriation de ces langues, mais également de la vitalité de la multitude de langues qui cohabitent sur le territoire camerounais. L'une des principales irrégularités liées au domaine morpho-syntaxique est en rapport les mutations de valences verbales. Cet échantillon illustre ce phénomène :

(98) Ce matin, en te réveillant, tu **as voulu**, tu **as voulu**
J'**ai libéré** oh
(Coco Argentée, *Pilote*)

(99) Donne-moi, je **prends** je donne
Redonne-moi, je **redonne**
[…] Même quand je suis malade je donne
[…] Avant **de me redonner**
Remets-moi, **remets-moi**, **remets-**moi
(Lady Ponce, *Remets-moi*)

(100) […] Coco Argentée, ma vie **a donné**

Coco Argentée, ma vie **a dosé**
(Coco Argentée, *Coco Argentée carbure*)

Les verbes originellement transitifs *vouloir*, *libérer*, *donner*, *remettre* et *doser* se retrouvant dans ces sections de chanson sont en emploi absolu. À la question de savoir : vouloir, libérer, donner, remettre, doser (qui/quoi/à quoi/à qui) ? Aucune réponse n'apparaît dans le contexte. Cette omission de complément n'est pas forcément fortuite ou due à la méconnaissance de la langue française parce qu'elle est un des usages camerounais de la langue française. Dans les deux premières occurrences par exemple, elle pourrait continuer de participer de l'approche pudibonde et timorée des Africains mentionnée plus haut, étant donné les thèmes liés au sexe, à érotisme abordés par les chanteuses. De façon plus explicite, on peut remplacer les vides créés par l'auteur et obtenir la suite : *tu as voulu le sexe* ou alors *faire l'amour* ; *(re) donne-moi le sexe,* etc.

Dans le troisième exemple, il s'agit de deux expressions connotées et synonymes calquées des langues maternelles pour signifier *réussir dans la vie*, *trouver fortune.*

En outre, on peut aussi noter des omissions de déterminants, sans doute par mimétisme du français tropicalisé à l'ivoirienne (Kouadjo N'guessan, 1999) qui fait de ce phénomène l'une de ses caractéristiques principales :

(101) Pourtant Sangoku là […]
Il ne fait pas Ø chignon
(Armand Laklass, *L'homme c'est les reins*)

(102) Ce n'est pas Ø distributeur automatique dèh
(Agne Bagna, *J'ai remarqué*)

(103) Tu as mangé Ø kola
Tu as mangé Ø bita kola tu as bu Ø Guiness [...]
Maintenant te voilà dormi- oh comme un cadavre
(Douleur, *Peux maintenant*)

(104) Papas délinquants, changez Ø mentalité
Le bébé n'a pas demandé un visa
Pourquoi nyongo dans les mapanes ?
Assumez, assumez vos actes
(Annie Anzouer, *Garde ton bébé*)

Dans la mesure où la musique ivoirienne demeure très appréciée par les jeunes Camerounais, les chanteurs camerounais ont trouvé ingénieux de s'exprimer comme ceux-là dans leurs chansons, afin de reconquérir l'espace musical et surtout leur public, plutôt acquis à la cause et aux rythmes ivoiriens.

En dehors de la détermination zéro, les accords grammaticaux de forme perceptible rien qu'à l'audition participent aussi des particularités à examiner.

(105) Si pardon doudou la somme **dont** tu m'avais rem**is**
Je devais de l'argent à une camarade
Elle m'a demandée je lui ai remis
(Prince Aimé, *Viviane*)

(106) Eux disent que leur père est ndok
(Dynastie et Moustik, *Papa sors de la cuisine*)

(107) Un jour Mado s'approche de Kemayo :
« **Je suis fou** de toi. Ce sont mes sentiments, pardon faut pas m'en vouloir »
(Mr Leo, *Kemayo*)

Premièrement, on note une confusion du pronom relatif *dont* qui aurait dû être remplacé par le morphème *que*. Mais plus encore, l'accord du participe passé sonne clairement faux à l'audition, car on peut bien déceler la transcription /r□ mi/ au lieu de /r□ miz/ justifiant l'accord du participe passé employé avec l'auxiliaire *remis* dont le COD (somme) précède bien le verbe et commande l'accord en genre féminin et en nombre singulier. C'est pareil pour *Eux disent...* qui est utilisé en lieu et place de *ils disent...* lorsque Moustik et Dynastie réfèrent au nom sujet *enfants* dans leur reprise pronominale. Ensuite, il est évident que l'adjectif *fou* qualifie *je* assumé par Mado qui est un nom du genre féminin. Par conséquent, la forme féminine *folle* sied mieux à la place de *fou* utilisé par le chanteur. On pourrait relever les origines anglophones de ce chanteur pour justifier cet emploi inadéquat, mais ce serait trop facile, car il est très accoutumé à zone francophone du pays où il vit et utilise fort à propos des constructions françaises plus complexes, on peut donc y voir une visée comique, tout comme c'était déjà le cas avec l'énoncé de Moustik dans l'exemple précédent, qui justement est humoriste de profession.

Toujours sur le plan grammatical, l'usage abusif des repères spatiaux *ici* et *là* constituent une marque supplémentaire de particularité à prendre en considération.

(108) Fais-moi voyager **ici ici ici ici là là là là**
(Lady Ponce, *Là là là*)

(109) Parce que bébé **là là là là là là là là là là là là là** j'ai envie de
(Coco argentée, *Falais pas*)

Utilisé seul, ou alors précédé de *ici* comme dans la première illustration, l'emploi redondant de *là* est une autre forme camerounaise de tropicalisation du français lorsque l'on veut dire *sur-le-champ*, *à l'instant, ici et maintenant*. La répétition de ce terme revêt alors à ce moment une valeur emphatique.

En plus de *là*, le démonstratif *ça* fait aussi partie des mots au sens étendu très utilisés par les musiciens, comme laisse témoigner cette suite :

(110) Demain tu vas mourir-éh tu vas laisser **ça** [...]
Ça ça ça ça ça aussi ça-là prends cadeau
(Lady Ponce, *Bombe atomique*)

(111) L'homme c'est l'homme tant que **ça** se lève
(Coco argentée, *Dans la tanière*)

(112) Si **ça** ne se lève pas oh, comme Longue Longue
(Longue Longue, *Quand la femme se fâche*)

Dans tous ces exemples, ça décrit une réalité identique : le sexe, une illustration supplémentaire permettant d'y voir une récidive dans l'atteinte aux mœurs ancestrales déjà mentionnée. Les musiciens font donc un usage expressif du terme ça pour voiler leur tendance à la pornographisation (Dumas, 2012) assez vulgaire dans le monde occidental qu'ils rêvent tous de conquérir, mais que ne cautionne malheureusement pas la culture africaine en général. Ceci justifie donc ces expressions détournées et ces référents vastes, génériques et indéterminés et que les masses populaires urbaines surtout affectionnent, puisqu'elles sont des grandes consommatrices des musiques développant ce genre de thématiques. Cela vient une fois de plus confirmer le lien étroit entre les aspects morpho-syntaxique, lexico-sémantique et éthique dans la chanson au Cameroun.

En plus de l'usage de *ça*, les pléonasmes participent aussi des particularités grammaticales distinguant la chanson camerounaise. Le pléonasme, il n'est pas sans objet de le rappeler, est une figure grammaticale dont le but est d'insérer dans une phrase des mots ou expressions dont le sens était déjà rendu par d'autres expressions ou mots dans la phrase. Ceci crée la tautologie ou la redondance, puis qu'il s'agit désormais d'une intrusion de mots et de syntagmes dans une phrase. « Ces intrusions peuvent se faire à dessein et avoir une visée stylistique. Mais la grammaire les considère comme des segments répétitifs contribuant à des lourdeurs de style qu'il faut absolument alléger », précise Piebop (2014 : 370). La principale tournure pléonastique récurrente dans les chansons met en exergue la reprise du pronom personnel :

(113) Mama –o **je** suis m**oi dépassé**
Mama –o **je** suis **moi** **dépassé**
Les hommes d'aujourd'hui il n'y a plus de confiance –o
Si tu aimes ton gars serre-le fort
(Mathematik de Petit Pays, *Dose adulte*)

(114) Je ne suis pas **moi** bobo
Noooh, **je** ne suis pas **moi** bobo [...]
On ne tchop pas le matin **tu** paies **toi** le taxi de 400 dollars
[...] **je** dis-**moi** mes ways, **je** n'ai pas **moi** prévu l'énervement
J**e** parle-**moi** mes choses **je** n'ai pas **moi** prévu l'énervement
Noh-noh, noh-noh **je** n'ai pas **moi** prévu l'énervement
(Nernos, *Dieu est camerounais*)

On remarque que les reprises *moi* et *toi* sont superflues dans ces énoncés parce qu'elles alourdissent les syntaxes, si l'on se fie au bon usage du français. Mais l'on devient moins exigeant lorsqu'on se rend compte qu'il s'agit en fait des structures mentales des langues camerounaises qui sont ainsi converties en français, créant le style familier qui a justement cours au sein des masses populaires, principales cibles des chanteurs. Lever l'agrammaticalité reviendrait donc à supprimer purement et simplement ces pronoms personnels indésirables.

En rapport avec les parlers composites du pays, il n'est pas facile d'y déceler des particularités y relatives, car c'est justement par la souplesse de leurs grammaires qu'ils séduisent les masses. De ce fait, ils ne sont pas anxiogènes et c'est chaque chanteur qui organise ses constructions phrastiques en fonction de son inspiration et de sa sensibilité pour interagir avec ses mélomanes qui, eux non plus, n'éprouvent aucune difficulté à décoder leurs messages, parce que partageant les mêmes héritages historico-socioculturels et linguistiques.

CONCLUSION

Au terme de cette réflexion portant sur les traits singulatifs relevant du domaine de la linguistique de la chanson au Cameroun, on se rend à l'évidence que ce n'est point une entreprise aisée, compte tenu de la pléthore de langues qui y sont en contact au quotidien. La trentaine de langues se dégageant du corpus demeure assez évocatrice à ce sujet. On a également pu constater le dynamisme et l'évolution de la chanson camerounaise aux fins de son appropriation des standards internationaux tout en prenant appui sur ses souches identitaires. Les chansons et les rythmes typiquement traditionnels ou modernes du passé ont fusionné grâces aux nouvelles technologies, ceci dans le dessein de conquérir les marchés extérieurs tout en restant enracinés dans la socioculture camerounaise. De tels objectifs se dégagent de nombreux emprunts réciproques entre les langues étrangères et endogènes et bien plus encore de la présence dans ces chansons du pidgin-english et du camfranglais ou mboa, les deux langues composites les plus populaires du pays. En effet, grâce à leur constitution faite d'éléments hétéroclites issus de tous les horizons ethnico-linguistiques du Cameroun, des langues officielles et bien d'autres langues étrangères, ces deux parlers hybrides jouent un rôle fédérateur et servent de ciment à l'unité et à l'intégration du pays, bien que celles-ci soient actuellement entachées par le « problème anglophone ». Les différents emplois faits de ces langues par les musiciens engendrent des incidences sociolinguistiques telles que les alternances et les mélanges de codes, qui rendent compte à merveille du pluri et du multilinguisme qui caractérisent le Cameroun. Par ailleurs, des formations de mots par dérivation, abréviation et néologie apparaissent également dans les chants camerounais, afin de leur donner une couleur locale et mieux communiquer avec les populations. Par ces astuces, les chanteurs camerounais entrent alors en symbiose avec leurs auditoires de tous bords, du fait qu'ils partagent les mêmes codes linguistiques et sémioculturels. Ce dessein de tropicalisation ou d'africanisation s'est également ressenti dans les désémantisations et les resémantisations des termes et les calques lexico-sémantiques et morpho-syntaxiques, même s'il était en général question pour les chanteurs de transgresser le principe d'inhibition, de réserve, de décence, voire d'ascétisme que l'on connaît aux Africains, pour se livrer à des discours érotiques, pornographiques et indécents sous des formes d'expression détournées ou imagées. Pour achever cette peinture de la chanson camerounaise, des particularités morpho-syntaxiques sont venues démontrer que les chanteurs camerounais les plus populaires actuellement ne souscrivent pas ou plus aux normes standards/de référence des langues officielles dans lesquelles ils s'adressent au public ; leur souci primordial étant d'enraciner et de promouvoir la socioculture camerounaise et de satisfaire la majorité de leurs consommateurs locaux qui se répertorient au sein des masses populaires, tout restant également compétitifs sur les marchés extérieurs et internationaux.

BIBLIOGRAPHIE

ARION

■ *Percussions et danses du Cameroun*, Paris, 1990.

BITJA'A KODY, D. Z.

■ « Emergence et survie des langues nationales au Cameroun », in *Trans,* n° 11 /200, 2001.

BITJAA-KODY, Z.-D.

■ « Théorie de l›emprunt à une langue minoritaire : le cas des emprunts du français aux langues africaines », In Latin, D. et Poirier, Ci. (éds), Contacts de langues et identités culturelles, Québec, Presses de l'Université de Laval-Agence Universitaire de la Francophonie, pp. 259-268, 2000

DUBOIS J. *et alii*

■ *Dictionnaire de linguistique*, Paris, Larousse-Bordas/ AER 2001

DUMAS, N.

■ *Vers une « pornographisation » des représentations de la sexualité dans la littérature francophone contemporaine*, thèse de doctorat, Université d'Ottawa, 303p. 2010

EBELE WEI

■ *Le paradis tabou. Autopsie d'une culture assassinée*, Douala, Éditions CERAC, 2000.

EBONGUE, A., E.

■ « Usages et distribution des langues dans la chanson camerounaise », in *Synergies Afriques des Grands Lacs,* n°4, pp 23-39, 2014.

FAME NDONGO, J.

■ *Un Regard sur la communication. À la découverte de la géométrie circulaire*, Yaoundé, éd. St Paul, 1996.

GUMPERZ, J. J.

■ *Sociolinguistique interactionnelle. Une approche interprétative*, Paris, L'Harmattan, 1989

JAKOBSON, R.

■ *Essais de linguistique générale*, Paris, Minuit, 1963.

KOUADJO N'GUESSAN, J.

■ « Quelques traits morpho-syntaxiques du français écrit en Côte d'Ivoire » in *Langage et communication*, vol 2, n° 4, pp 304-114, 1999.

KOUROUMA, A.

■ « Le Processus d'africanisation des langues européennes », in *Nouvelles du Sud*, n° 26, Université Paul Valery, pp 135-139, 1997.

LATIN, D., QUEFFELEC A., TABI MANGA J.

■ *Inventaire des usages de la francophonie, nomenclatures*

et méthodologie, Universités Francophones, Editions John Libbey Eurotextes, Col. Actualités Scientifiques, AUPELF, 463 p., 1993.

Manessy, G.

■ *Le Français en Afrique noire. Mythes, stratégies, pratiques,* Paris, L'Harmattan, 1994.

Ntsobe, A. M., Biloa, E., Echu, G.

■ *Le Camfranglais: quelle parlure? Étude linguistique et sociolinguistique,* Bern, Peterlang, 2008.

Nzessé, L.

■ « Problématique des parlers hybrides à l'heure de l'enseignement des langues maternelles au Cameroun», in *Francophonia,* n° 014 Universidad de Cadiz Espana, pp 173-187, 2005.

Piebop, G.

■ « Problématique des parlers hybrides à l'heure de l'enseignement des langues maternelles au Cameroun », in *Revue des Lettres et Sciences Sociales,* Vol. 16, N°3, pp. 243-261, 2019

PIEBOP, G.

■ « Corrélats sociolinguistiques des emprunts anglais en mengagka et en français », in *Variations et contacts dans l'espace francophone : perspectives linguistiques littéraires et didactiques*, Revue romaine des études francophones, N° 9-10/2017-2018, pp. 218-238, 2019.

■ « Langues camerounaises et insécurité linguistique », in *Insécurité linguistique dans les communautés anglophones et francophones du Cameroun*, Paris, L'Harmattan, 364 p. pp 244-267, 2018.

■ « Les variétés du camfranglais parlées en zone anglophone au Cameroun : le cas de la ville de Buéa » in

Etudes contrastives, didactique et langues en contact - Enquêtes, pratiques linguistiques et modèles didactiques en Afrique, Presses Académiques Francophones, 236 p. pp55-79, 2016.

■ « Hybridation culturelle et linguistique au Cameroun : les emprunts allemands, anglais et français en mengaka » in *Le Plurilinguisne en Afriaue,* Kansas City, Miraclaire Academic publication, in association with Ken scholars publishings Raytown, 2015.

■ « Vers un Pidgin-English jeune en zone anglophone du Cameroun ? », in *Corela* [En ligne], 13-2 |, http://corela.revues.org/4132 ; DOI : 10.4000/corela.4132, 2015.

■ *Contact de langues et appropriation du français dans l'œuvre romanesque de Camille Nkoa Atenga,* Thèse de doctorat PhD, Université de Yaoundé I, 2014.

SCOTTON, C., M.

■ « The negotiation of identities in conversation: a theory of markedness and code choice », in *International journal of sociology of language,* n° 44, pp 115-136, 1983.

TABI MANGA, J.

■ *Les politiques linguistiques du Cameroun : essai d'aménagement linguistique,* Paris, Karthala, 2000.

TADADJEU, M.

■ « Pour une politique d'intégration camerounaise. Le trilinguisme extensif », in *Actes du colloque sur l'identité culturelle camerounaise,* Yaoundé, MINFOC, pp 187-201, 1985.

TADADJEU, M. (s/dir.)

■ *Le Défi de Babel au Cameroun,* Collection PROPELCA No 53, Université de Yaoundé, 1990.

ZONGO, B.

■ « Alternance des langues et stratégies langagières en milieu d'hétérogénéité culturelle: vers un modèle d'analyse », in *Le Français en Afrique,* n° 15, pp 97-113, 2001.

Makossa et Bikutsi au Cameroun : des musiques sexualisées

Owono Zambo
Académie de Versailles, France

Résumé

Au Cameroun, le bikutsi et le makossa sont deux genres musicaux majeurs qui animent la quasi-totalité des événements festifs. Si la musique est non seulement un vecteur de culture mais aussi d'identité, il se trouve que l'influence qu'elle peut avoir sur l'individu et la société qui la consomment mérite d'être questionnée. Du point de vue du contenu des textes, le sexe semble être omniprésent et la notion d'éthique dans le discours n'importe plus. Une description critique des mécanismes fonctionnels et sociolinguistiques des textes musicaux issus du bikutsi et du makossa fera l'objet de ce travail d'analyse de ce que sont certaines chansons d'auteurs camerounais.

Mots-clés

Musique, sexe, érotisme langagier, hétéroglossie, polysémie.

INTRODUCTION

Ce travail examine le visage actuel de la musique camerounaise. Celle-ci tourne, presque exclusivement, autour du sexe qui est *mis en avant*[1]. Certaines chansons camerounaises n'échappent pas à cette particularité dans leurs expressions lexicale, métaphorique et scénique. Nous allons le justifier à travers des chansons d'artistes du makossa et du bikutsi. Ces deux genres musicaux majeurs appartiennent respectivement à trois régions différentes du Cameroun : le Littoral, le Centre et le Sud. Dans un contexte où le makossa et le bikutsi font appel, par définition, aux jambes et aux mains pour danser, nous nous retrouvons, désormais, dans une concentration de ces danses sur la zone érotico-sensuelle de l'homme et de la femme. La question est de savoir comment ces musiques spécifiquement différentes ont pu se focaliser sur le sexe qu'elles célèbrent aujourd'hui ? Comment se décrit l'exhibitionnisme langagier et corporel auquel nous assistons dans ces chansons camerounaises ? Le discours des chanteurs est-il toujours univoque ?

PLACE DU SEXE DANS LE MAKOSSA ET LE BIKUTSI

Notre ambition ici est de mettre en perspective la scénarisation discursive des organes sexuels qui entre en

[1] La « mise en avant » dont il est question ici vise à placer au premier plan, sous la forme d'un zoom tendancieusement perverti, l'intimité dévoilée. Le voilé, l'interdit et le sacré deviennent visibles. L'innommable et l'indicible sont à l'ordre du jour. L'invisible devient accessible aux voyants. Là est toute la question.

jeu lors de la composition des chansons. Cela nous aidera à mieux percevoir la nature axiologique des textes et surtout de voir s'il y a ou non dépravation des mœurs. C'est donc en réalité une étude critique que nous comptons faire dans cet article dans le cadre d'une investigation ethno-sociologique.

LE MAKOSSA

Avec Parol Sosthène, dans sa chanson *Est-ce que je pleure ?*[2], le sexe masculin prend le prénom de « Gaspard ». On le sait quand le chanteur, endossant l'identité d'un homme qui s'adresse à sa compagne, s'interroge ainsi : « Qu'est-ce qui te chauffe chérie ? » Cette dernière, qui semble se tordre de douleur pendant le coït, lui répond que « c'est Gaspard ».

Pour Papa Zoé, dans sa chanson *Bato bayé*[3], il appelle le sexe féminin « la tomate ». On peut entendre le chanteur, empruntant l'identité d'une femme qui s'adresse à son amoureux, dire ceci : « Chéri, fais-moi le bisou sur la tomate ? » Le rapport est fait entre le rouge du fruit et celui apparent du sexe féminin.

Toujours chez le même Papa Zoé, dans sa chanson intitulée *Le feu*, il évoque le sexe de la femme comme étant une « zone de turbulence »[4]. Celle-ci peut prendre feu., ce qui évoque ainsi l'idée liée à la dynamique de l'acte sexuel qui serait perçu comme le lieu de performances athlétiques aux retombées certaines. Les protagonistes sont donc

---

[2] Voir ce lien https://www.youtube.com/watch?v=T650hILnyiM

[3] Voir ce lien http://www.youtube.com/watch?v=oJm_-iUOhrw

[4] Album sorti à Paris en août 2005. Voir le lien http://www.youtube.com/watch?v=F3xVsTN4Rtc&feature=related

avertis.

Par ailleurs, à la question du journaliste qui est posée à Papa Zoé de savoir pourquoi il n'y a pas de makossa dans sa musique, il répond : « Je ne sais pas ce que vous appelez makossa, mais tous les rythmes qui ont les paroles en douala sont un peu du makossa. »[5] On voit très bien que ce n'est pas l'expression culturelle d'un rythme local authentique qui compte. Ce qui importe, c'est une sorte de folklore populeux où la facilité et l'expéditif ont tôt fait d'imposer leur limite. Le sexe finit ainsi par prendre le dessus sur l'expression artistique de la culture.

Benji Matéké appelle les seins « lolo » ou « bobi ». Il fait d'ailleurs sur eux une certaine fixation pour célébrer leur grosseur : « Montre-moi tes lolo, montre-moi tes bobi. » Mieux encore, il dit vouloir les sucer : « I go sokam, I want sokam »[6] en pidgin.

Petit Pays appelle l'acte sexuel « nioxxer »[7]. Il rappelle d'ailleurs au monde que c'est une activité retrouvée dans toutes les villes et que tous les milieux socioprofessionnels pratiquent sans exception. Puisque dans la chanson intitulée *Marche arrière* (1996), tout le monde adore les « choses sucrées », alors, il faut s'en délecter au maximum et sans restriction. Même le chanteur Papillon revient sur cette universalité de l'attrait pour l'acte sexuel. Pour cela, il va conjuguer le verbe « piquer » à toutes les personnes au présent de l'indicatif. Le titre de la chanson est lui-même assez ambigu : *Porc-épic*[8] (album sorti en 2005). L'allusion

[5] http://www.cameroun-online.com/coltendance,col-35.html

[6] http://www.youtube.com/watch?v=Tzsk_as4PRc&feature=related

[7] Album intitulé *Le meilleur des meilleurs* sorti en 1994. Voir le lien https://www.youtube.com/watch?v=z-8ua8bkJb0

[8] Voir ce lien http://www.youtube.com/watch?v=-7pNO3HnqEQ&feature=related

aux épines de cet animal est intéressante dans le rapport au sexe masculin que suggère la chanson.

Dans l'album *Class F/Class M* sorti en 1996, Petit Pays va plus loin en nommant le coït « tchouquer » ou bien « piquer »[9]. Philippe Miloko, quant à lui, tente encore de nuancer son propos lorsqu'il dit : « J'aime ça. » Le pronom démonstratif « ça » renvoie effectivement au sexe et à l'acte sexuel. Mais lorsque Philippe Miloko dit « tchouk me »[10], il entre effectivement dans le concret.

D'autres titres suggestifs, chez Petit Pays, comme *Fiko fiko* (en 2009), *Ekamofock* (en 2006), *Bisou sur la tomate* (en 2000) sont une évocation de ce que le sexe a une emprise centrale sur la titrologie et le contenu de ses chansons.

Sur le plan vestimentaire, le clip de la chanson *Frotambo* (sortie en 2007) dont l'album porte le nom est la preuve du contraste entre l'habillement déshabillant des danseuses et le port vestimentaire décent de l'artiste lui-même. Une fois de plus, on tombe dans le travers, qu'on pensait révolu, de la chosification abjecte de la femme par l'homme.

Évidemment, il ne faut pas croire qu'il n'y a que des artistes hommes pour se livrer à cela. Même les artistes femmes n'hésitent pas à dévoiler l'intimité de leurs danseuses. Celles-ci paraissent dans des vêtements trop légers et diseurs sur la nudité féminine complètement dévoilée. C'est le cas pour Evalens Noah dans sa chanson *Hommes et mensonges*[11]. Lorsqu'elle-même n'apparaît pas déjà correctement habillée, elle fait voir l'intimité de ses danseuses. Il en va de même pour les artistes du bikutsi telles que K-Tino ou encore Miss Charlotte, entre autres.

[9] Voir ce lien https://www.youtube.com/watch?v=El4gYLrdviI

[10] Manière triviale de dire « baise-moi ».

[11] Voir ce lien http://www.youtube.com/watch?v=UeY4c6PiJoc

Le Bikutsi

Il faut rappeler que le constat de l'omniprésence des références sexuelles dans les textes des chansons makossa s'applique aussi au bikutsi. Même si K-Tino essaie de nier[12] qu'elle ne chante pas pour parler du sexe, force est de constater, pour l'initié au langage nuancé, que cela n'est pas du tout vrai. Cependant, on peut lui reconnaître l'évidence que la qualité de son langage fait du texte de ses chansons un corpus très métaphorique, élaboré, nuancé et construit sur la complexité interprétative de son propos.

Cela n'est pas toujours le cas chez une chanteuse comme Koko Effa. L'immoralité du sujet sexuel et de la pratique sexuelle porte à conclure que dans sa chanson intitulée *Nsout mot*[13], elle véhicule une apologie de la prostitution. Elle dit sans ambages « Gombo en main, caleçon en bas, gombo en main, soutien en l'air. [...] Si tu veux bombarder, tu payes comptant. » Le mot « bombarder » ici prend le sens de « tirer un coup ».

D'ailleurs, l'évocation, par Racine Sagath[14], de l'acte sexuel (la pénétration, plus précisément) est marquée par des expressions répétées du genre « aloum dzom ». Cela peut se traduire ainsi : « piquer la chose » ou alors « pénétrer ».

Cathia Étoile[15] nomme le sexe masculin « nguem

---

[12] Voir ce lien http://www.youtube.com/watch?v=3zHOBMyfoJY

[13] Voir ce lien http://www.youtube.com/watch?v=UoBBVWRtXKY&feature=related

[14] Le titre de la chanson est *Nem mintié* et voir le lien suivant https://www.youtube.com/watch?v=tu-Mf7-UkxY

[15] Voir ce lien https://www.youtube.com/watch?v=SJpeNEBxCoA

ngoé »[16] et dit aimer la queue du porc (« nguem ngoé ») plutôt que toute autre partie de cet animal. Évidemment, il faut comprendre tout cela au deuxième degré.

Charmant M, dans sa chanson intitulée *Franchement*[17], décrit la sollicitation à la satisfaction du plaisir charnel par la femme en ces termes : « 6 et 5 ». La figuration fait croire qu'il s'agit d'une addition que le chanteur fait des chiffres 6 et 5. Pour montrer qu'il y réside un jeu, la vidéo fait apparaître une femme dont la vue des seins semble ramener le public à la vraie évocation. Le fait de dire 6 et 5 permet donc de reprendre en sourdine la phrase « suce mes seins ».

Dès le début des années 90, on va assister à une grande vague de vidéogrammes, supports des chansons elles-mêmes devenues dominées par le sexe, dont la tendance est à dévoiler ce qui, jusque-là, était entretenu comme tabou. L'intimité des organes sexuels et des ébats amoureux entraient dans ce qu'on pourrait appeler « le secret des amants » et que seuls les adultes se partageaient de manière empirique. Les populations jeunes, c'est-à-dire avant l'âge de la majorité, étaient en dehors de toute connaissance du « périmètre sexuel ».

Cette barrière va malheureusement être abolie avec l'expansion de la « musique pornographique » que les noms tels que Pedro du Cameroun, Tanus Foé, *etc.* ont contribué à ériger. Les clips comme ceux de Jocelyn Bizar[18], K-Tino, Biberon Cerveau, *etc.* sont la preuve la plus absolue de cette

---

[16] Cela se traduit « la queue du porc ».

[17] Voir ce lien https://www.youtube.com/watch?v=mW7IiL0bLVc&feature=related

[18] Il faut rappeler que Youtube a choisi de supprimer certains des clips de cette chanteuse pour motif « concernant la nudité et le contenu à caractère sexuel ».

évolution troublante de l'exploitation de l'image dont le but est l'obscénité la plus abjecte.

La télévision a été, et continue d'être, le diffuseur par excellence de ce nouveau genre d'expression de la « modernité » d'un type curieux. Les clips exhibent la nudité des femmes. Les semblants ou esquisses d'habillements arborés sont en fait des « vêtements à caractère déshabillant » : il faut donner à voir ce qui ne doit plus être dissimulé. Les femmes sont omniprésentes. Tout se résume à elles. Elles sont toutes porteuses de beautés ataraxiques. Fontaniel ne disait-il pas encore que « la femme, c'est la femme ; en réalité, elles sont toutes belles »[19] ? Dès lors, le *répertoire du cru* sera mis en exergue. Tous les contours de la silhouette sacrée de la femme finiront ainsi dans le domaine de l'aperçu popularisé. Les fesses, les seins, le sexe passent, à tour de rôle, devant l'objectif de la caméra et les yeux des téléspectateurs. Ces derniers sont soit scandalisés, soit aguichés. L'opinion est divisée à ce niveau. La projection de cet arsenal physique est motivée : il faut séduire, provoquer le plaisir, susciter le désir. Il faut donner l'impression d'une satisfaction assurée chez les danseurs et chez l'artiste.

QUELQUES MANIÈRES MÉTAPHORIQUES DE NOMMER LE PÉNIS

Pour revenir donc aux expressions renvoyant au sexe masculin, Mbarga Soukous, dans sa chanson intitulée

---

[19] Voir ce lien https://www.youtube.com/watch?v=BQFRUDHQq3g

Nsono nsono[20], donne la typologie de toutes les dimensions et aspects que l'on trouve sur le sexe masculin selon qu'on va d'une personne à une autre.

Bisso Solo nommera le pénis « ntoum nnam »[21]. Pour lui[22], le sexe est un engin qui sert à montrer aux femmes non seulement toute sa puissance, mais surtout celle de l'homme qui en dispose. Quiconque a affaire au « ntoum nnam » l'apprend à ses dépens. Pour le chanteur, avec le sexe masculin, tout est possible. On accède même, pour l'homme qui sait utiliser son organe sexuel, à la grandeur et à la reconnaissance sociale.

En ce qui concerne Biberon Cerveau, dans sa chanson intitulée *Puissance*[23], elle nomme le sexe masculin « nkassi »[24]. Le sexe est considéré comme étant une chicotte qui administre, non pas des douleurs épouvantables et insoutenables, mais des douleurs dociles et surtout, un plaisir dont la femme ne peut se retenir de demander la permanence.

La chanteuse ira même jusqu'à désigner le sexe masculin comme étant un « pistolet ». C'est donc un organe qui tue ou peut tuer ; c'est une arme de combat ou de guerre, mais un combat et une guerre d'un autre genre. Bien entendu, la mort attendue ici est aussi d'un autre type.

Il faut dire que les chanteurs susmentionnés pratiquent une certaine forme de figuration langagière, même si le discours à lui seul suffit pour saisir sa portée pornographique.

---

[20] La traduction littérale est « la chair la chair », c'est-à-dire un membre qui n'est constitué que de chair. Voir ce lien https://www.youtube.com/watch?v=2PnXTLGf-nw

[21] « Le bâton du pays » ou encore « bâton de commandement ».

[22] https://www.youtube.com/watch?v=wjAR-uxpIb4

[23] Voir ce lien http://www.youtube.com/watch?v=lCtHpP1Sqkw

[24] « La chicotte ».

Avec Tanus Foé, les mots sont encore plus concrets pour désigner le sexe masculin. Il y a transport de l'abstrait des termes comme « dzom dzam »[25], « ayang »[26] et même « ça » vers des mots plus concrets tels que « truc », « mbit », « zizi »[27] qui font chuter le voile. Le chanteur revient sur l'importance à accorder au sexe masculin qui garantit à son détenteur/utilisateur les conditions d'une vie agréable et, également, les possibilités de procréation.

Pour K-Tino, le sexe est appelé « la tire »[28] dans sa chanson intitulée *Viagra*. L'idée d'une arme munie d'explosifs est ici soutenue. Le sexe serait identique au fusil dont la caractéristique est de cracher du feu. Ce fusil a une cible qui est bien définie et qui représente le sexe de la femme. K-Tino va donc s'amuser à compter le nombre de « coups » que cette arme est capable de tirer. Cela nous rappelle le souvenir de ces anciens fusils de chasse qu'on a souvent appelés « carabines à un ou deux coups » en fonction du nombre de canons dont dispose le fusil en question.

« La tire » de K-Tino a, curieusement, la possibilité d'aller jusqu'à six coups. Ce qui est un exploit. D'où la cohérence du titre de la chanson (*Viagra*) avec le nombre six qui est possible avec l'aphrodisiaque. Dans son titre *Ne pousse pas le bouchon*[29], elle nommera le sexe « évindi okom »[30], ce qui prête un aspect encore plus étonnant, sinistre et à craindre au sexe masculin.

---

[25] « Ma chose ».
[26] « La vipère ».
[27] http://www.youtube.com/watch?v=xqfH5hRCV9I
[28] Voir ce lien https://www.youtube.com/watch?v=9w4SSaO1vWg
[29] Voir ce lien https://www.youtube.com/watch?v=u2Zq1eelHjU
[30] « La couleuvre noire ».

Étude de cas typique de sexualisation musicale : Mbarga Soukous

Mbarga Soukouss est celui qui inaugure la tendance sexualisée du bikutsi à la fin des années 80. Une chanson va surtout marquer cette nouvelle configuration : c'est son album *Essamba* sorti en 1989. La chanson dont nous allons analyser le contenu est intitulée *Long courrier*[31].

En réalité, si le courrier renvoie à un ensemble de lettres envoyées ou reçues, par sa quantité et son volume important, il traduit donc l'idée d'abondance sur l'étendue qu'on pourrait en faire sur le plan de la longueur s'il fallait l'étaler. Comme nous sommes dans une logique de figuration du signifié, Mbarga Soukouss joue avec non seulement les images, mais aussi les résonances sémantiques de l'expression qu'il emploie. Cela lui permet, de cette manière, de situer son discours à deux niveaux. D'une part, il suggère l'acte sexuel en tant que lieu du donner et du recevoir[32]. Le chanteur insiste sur l'aspect temporel et particulièrement duratif de cet acte sexuel. D'autre part, il signale que celui-ci est réalisé par un membre masculin aux dimensions exorbitantes. Le courrier est donc « long », signifiant qu'il est démesuré, puisqu'en fait on ne peut pas seulement parler de la longueur du courrier, mais aussi de sa quantité consistante du fait du nombre comptable des lettres qui le constituent. La longueur imagée, c'est-à-dire l'adjectif qualificatif « long », peut dès lors renvoyer en même temps à la longueur et à la grosseur de l'organe

[31] http://www.youtube.com/watch?v=vu5pMluHtLM&feature=related

[32] Cf. la définition du mot « courrier » en tant qu'ensemble de messages expédiés ou reçus. Un courrier permet, pour ainsi dire, de réaliser l'échange et le contact entre correspondants.

sexuel masculin.

Tout l'intérêt de la chanson est ainsi focalisé sur le sexe et les vertus que celui-ci confère à la femme ou à l'homme qui en font usage. Le texte de la chanson de Mbarga Soukous va construire deux dimensions thématiques : l'organe sexuel masculin et l'acte sexuel lui-même dans son déroulement.

En ce qui concerne l'organe sexuel masculin, dans le texte, il n'est pas clairement nommé. Le chanteur utilise des périphrases pour y parvenir ; nous avons ainsi une phrase telle que : « O baala biém biam akia ma baala biém bié »[33]. On peut constater que les organes sexuels masculin et féminin sont désignés par le mot « biém » (« les choses ») qui ne renvoie, *a priori*, à rien de vraiment concret. On peut dire qu'il s'agit peut-être là de quelques vestiges, encore perceptibles, de l'influence qu'a, de manière faiblement résistible, la pudeur. L'innommable pèse encore dans la bouche et l'esprit du chanteur. Est-ce parce qu'on est encore au début du processus d'émancipation ?

Bref, le caractère très suggestif de l'expression est déjà présent. Les organes[34] ainsi évoqués sont saisis par le chanteur comme un bien et un trésor dont l'intégrité et l'exclusivité ne doivent souffrir d'aucune frivolité, d'aucun partage avec autrui. C'est pour cette raison qu'il

[33] Nous voulons déjà dire que la transcription des parties de textes de l'éwondo au français ne sera pas fidèle et conforme à la bonne orthodoxie de cette langue. Nous regrettons de ne pas disposer d'un outil scientifique approprié pour y procéder. Néanmoins, la traduction littérale donnerait ceci : « Garde mes choses comme je garde tes choses. »

[34] Tantôt, il dit effectivement « biém » (les choses) ; tantôt, il dit « akouma » (la richesse). Évidemment, il faut ramener ces expressions métaphoriques au second degré de compréhension qui renvoie aux organes sexuels de l'homme et de la femme.

recommande à celle à qui il s'adresse dans ces termes : « O baala akoum'dam akia ma baala akoum'doé mbeung. »[35] Le mot « akouma » (« richesse ») ici est perçu par le chanteur dans sa dimension symétrique et interchangeable. Il a même un caractère consubstantiel puisque c'est autrui qui conditionne la légitimité de mon patrimoine qu'il détient. La gestion intègre de soi-même garantit le patrimoine non seulement de l'autre, mais aussi et surtout de chacun.

C'est donc un devoir de sauvegarde de ces acquis qui se traduit. La conscience du chanteur est troublée lorsqu'il dit que « idzom wa bo ma indzo ya ndegle ma »[36]. Le chanteur, ici, se rappelle les moments de plaisir qu'il a souvent savourés avec sa bien-aimée. Croire qu'un autre que lui puisse en bénéficier est extrêmement dévastateur dans son cœur. La fidélité est ainsi attendue de la jeune dame pour consolider leur amour.

Ces préalables réglés, le chanteur va entrer dans la deuxième phase de sa chanson, à savoir le dessin de l'acte sexuel proprement dit. Pour cela, une question est adressée à la bien-aimée : « Ya mvous y'aboum, nde wadzin me vé ? »[37] Nous imaginons très bien que la dame ait donné une réponse à cette question. C'est d'ailleurs pour cette raison que, lorsque la musique entre dans sa phase ambiancée, le chanteur scande des onomatopées très liées à la course du cheval. Il dira, pour rythmer la chanson,

---

[35] « Garde ma richesse comme je garde bien ta richesse ». Évidemment, des termes synonymiques tels que « patrimoine », « trésor », « bien », « fortune », *etc.* peuvent être retenus pour renvoyer à « richesse ».

[36] « Ce que tu me fais, c'est ce qui me dérange. » Évocation des ébats.

[37] « Est-ce sur le ventre ou sur le dos ? Tu me préfères de quelle manière ? »

« kpadam, kpadam, kpadam… ». Cette onomatopée, en réalité, s'inscrit régulièrement dans l'optique de profiler le va-et-vient de l'acte sexuel. On sait très bien que le cavalier, sur le dos du cheval[38], est secoué par le fait des trots de ce dernier. Le choix de cet animal et du mode de monture correspondant est la réponse à la question liminaire que le chanteur a posée à sa dame. Elle a choisi la position sexuelle qui lui semble conforme. Les onomatopées et la désignation du cheval sont des indices précisant ce choix. D'autres appellations, tout au long de la chanson, sont lancées telles que « à cheval », « au galop », *etc.* La position sexuelle adoptée est donc compréhensible à ce niveau.

Puisque nous sommes dans l'accomplissement de l'acte sexuel, le rythme de la chanson va se prêter également à ce contexte. Nous avons à faire ici à un rythme lent et langoureux qui n'a rien à voir avec la rapidité habituelle du bikutsi. Le fait est que nous assistons là à une harmonisation du rythme au contexte de l'acte sexuel. Ce dernier est respectueux à la fois de la douceur et de l'attention mutuelle des protagonistes.

C'est précisément cette douceur, doublée de volupté, que le chanteur, dans le dernier tournant de sa chanson, va dessiner. Les mots pour décrire tout cela ne manqueront pas : « wa gnom'le ma, wa kil'ne ma, wa dan minyon, one mongo minyon, wa fig'le ma, wa woé, wa tag… »[39] Nous pouvons résumer toute cette description érotique en termes de cycle jubilatoire de la femme extasiée et manifestant, de manière ostentatoire, son appétit sexuel glouton.

Voilà donc les ébats présentés par Mbarga Soukous,

[38] Le cheval étant ici la femme.

[39] « Tu me chatouilles, tu me tournes, tu es trop pleureuse, tu es une enfant des pleurs, tu me caresses, tu ris, tu jubiles… »

sans ambages. Cette chanson se propose de faire le tableau révélateur de l'acte sexuel au public avisé. Le discours est osé, pour qui le comprend. En précurseur de cette nouvelle vague d'un bikutsi qui n'a pas froid aux yeux, encore moins aux lèvres, cet artiste a inspiré une bonne cuvée d'autres artistes qui vont aller encore plus loin : Pedro du Cameroun, Tanus Foé, Biberon Cerveau, K-Tino, pour ne citer que ceux-là.

Conclusion

Nous avons essayé de montrer que le texte des chansons d'artistes du makossa et du bikutsi était non seulement marqué par l'évocation tous azimuts du sexe, mais aussi qu'il était soutenu par de nombreuses métaphores et allusions. Ainsi, la forte sexualisation du discours musical camerounais nous renseigne sur l'état de déliquescence de la société en général et de la culture en particulier. Le tabou et l'éthique ne résistent plus au phénomène nouveau de la liberté d'expression. La chanson camerounaise semble payer les frais d'une telle émancipation des mentalités. Pourtant, même si on est dans le domaine des libertés à garantir, faut-il tout dire, le sujet de la chanson ne mérite-t-il pas qu'une police des mœurs veille au grain afin de ne pas sombrer dans les dérives de toutes sortes ?

Sitographie

■ Le sexe dans la musique camerounaise
https://www.musicinafrica.net/fr/magazine/le-sexe-dans-la-musique-camerounaise

■ Cameroun : le bikutsi célèbre la sexualité féminine
https://www.youtube.com/watch?v=C0yFfUldTyU
https://information.tv5monde.com/video/cameroun-le-bikutsi-celebre-la-sexualite-feminine

■ Cameroun : quand le sexe envahit la chanson
https://fr.allafrica.com/stories/201204041086.html

■ Tsofack Jean-Benoît, *Quand la musique (re)gagne la rue : corps et discriminations en contexte urbain au Cameroun* in Multilinguales [En ligne], 10 | 2018, mis en ligne le 31 décembre 2018, consulté le 29 octobre 2020.
http://journals.openedition.org/multilinguales/3648
DOI : https://doi.org/10.4000/multilinguales.3648

■ Sept chanteuses camerounaises qui ont misé sur leur sex appeal https://www.voila-moi.com/ces-chanteuses-camerounaises-qui-ont-mise-sur-leur-sex-appeal/

Musiques urbaines et construction identitaire des jeunes de quartiers populaires

Seydou Ouattara
Université Alassane Ouattara de Bouaké, Côte d'Ivoire

Résumé

Les jeunes Ivoiriens, notamment ceux de Bouaké, sont attachés à la musique. Cependant, les musiques urbaines auxquelles ils sont fortement liés ne sont pas sans impact sur leurs vies. À travers une étude sociologique de type qualitatif dans son approche phénoménologique menée auprès de soixante-cinq (65) jeunes citadins de quartiers populaires, nous avons pu analyser et comprendre comment les musiques urbaines influencent le comportement des jeunes de quartiers populaires non seulement par le contenu de la musique mais aussi et surtout à travers la personnalité de l'artiste. Pour l'analyser et l'expliquer, une observation directe, appuyée d'un guide d'entretien semi-directif soumis à nos enquêtés, nous a permis de comprendre comment les jeunes des quartiers populaires adoptent une attitude et un comportement conformes à leurs artistes préférés. Ainsi, par le coupé-décalé et le style artistique des DJ et par le rap notamment, la jeunesse ivoirienne a adopté un style vestimentaire, une attitude et un comportement à l'image de leurs stars. Cependant, ces comportements n'incarnent pas forcément ceux enseignés ou voulus par l'environnement familial et social. Cela constitue donc une désocialisation et resocialisation des jeunes à travers la musique et les stars musicales. En effet, nombre de jeunes des quartiers populaires très souvent déscolarisés ou à faible niveau d'études se réfèrent à leurs stars en copiant trait pour trait leurs style (vêtements et langage), attitude et comportement. Ainsi, ils abandonnent l'éducation parentale de base à laquelle ils avaient été socialisés. Dès lors, cette resocialisation des jeunes à travers la musique a un impact sur leur éducation (ils sont acculturés), leur savoir-être (leur comportement est en déphasage avec les normes d'éducation de leurs familles respectives), leur savoir-faire (ils perdent leurs talents naturels en cherchant à être comme leurs idoles).

MOTS-CLÉS

Jeunes, musiques, quartiers populaires, éducation, resocialisation.

INTRODUCTION

La musique est en quelque sorte le miroir de notre société et de ses problèmes. Cela se justifie quand on analyse de près les conditions de naissance des styles musicaux tels que le zouglou en 1990 ou encore du coupé-décalé en 2004. La consommation de drogues, les familles éclatées, le VIH, le chômage font partie de notre triste réalité (« Les jeunes et la musique : l'engagement musical d'aujourd'hui », in *Opéra news*, 2009). Nombreux sont les artistes qui sont issus de familles pauvres et éclatées, avec une scolarité chaotique, un passé marginal. C'est ce qui est d'ailleurs révélé sur le célèbre artiste et roi du coupé-décalé ivoirien DJ Arafat après sa mort. Ainsi, pour de nombreux jeunes, la musique est un moyen de communication et un point de repère important dans la construction de soi. En Côte d'Ivoire aujourd'hui, de plus en plus, les artistes sont très jeunes. Ces jeunes se lancent dans la musique non seulement pour se construire socialement et financièrement, mais aussi et surtout pour s'exprimer dans la société. Mais la construction de soi comprend la naissance et/ou l'évolution de ses opinions, notamment politiques.

Les musiques urbaines influencent le comportement des jeunes de quartiers populaires non seulement par le contenu de la musique mais aussi et surtout à travers la personnalité de l'artiste. Cela nous amène justement à comprendre pourquoi certains artistes du coupé-décalé, à travers le contenu de leurs musiques, avaient été interdits de passer ou d'être imités à l'émission télé *Wozo vacances*, une émission de divertissement et d'éducation des enfants pendant les vacances en Côte d'Ivoire. Il s'agit entre autres de DJ Shegal, DJ Arafat, DJ Léo…

Jeunes, soyez forts enseigne que « la musique a une grande influence sur votre intellect, votre esprit et votre comportement. La musique peut enrichir votre vie ». Thomas S. Monson (2012 : 77) a dit : « La musique peut vous aider à vous rapprocher de votre Père céleste. On peut l'utiliser pour instruire, édifier, inspirer et unir. Toutefois, la musique, par son tempo, son rythme, son intensité et ses paroles, peut émousser votre sensibilité spirituelle. Vous ne pouvez pas vous permettre de remplir votre esprit de musique dégradante. »

Les jeunes s'identifient à la musique. Elle est le reflet de leur personnalité et ils se tournent vers la musique qui les représentera le mieux. La musique influence la mode et les goûts musicaux sont influencés par l'éducation mais surtout par les médias. On la retrouve partout, sur les iPod, à la télévision, sur la toile, à la radio. Les goûts musicaux permettent de catégoriser les jeunes : il y a ceux qui préfèrent le rock, ceux qui préfèrent le rap, le reggae ou encore le jazz (Rosemary, 2013). Chaque musique a ses codes, qu'ils soient vestimentaires ou caractériels. Les jeunes associent à la musique des notions de détente, d'émotion, d'évasion, de plaisir ou même de communication, d'identification ou d'indépendance.

Quant à l'adolescence, c'est une période où les personnes s'identifient rapidement à des sons ou même à des personnages. Cependant, il y a plus de « bruit » que de thèmes éducatifs dans certaines musiques aux refrains cacophoniques et qui ne reposent que sur la citation des noms de diverses personnalités. Dans leurs textes ou chansons, ces jeunes artistes musiciens n'hésitent pas à citer nommément des organes intimes de l'homme ou de la femme, chantent presque la pornographie, exposent la nudité dans les clips, poussent à la prostitution, à l'incivisme, *etc.* C'est ce qui est devenu le propre des nouveaux jeunes artistes aujourd'hui en Côte d'Ivoire, notamment ceux du coupé-décalé et du rap. Toutefois, il y a une frange de jeunes musiciens qui sortent du lot en proposant une musique riche et consommable.

Les chercheurs aux États-Unis ont suivi près de 1 500 adolescents âgés de 12 à 17 ans, les interrogeant sur leur comportement sexuel, leurs préférences musicales et le temps consacré à chaque artiste. Les participants ont été de nouveau vus un an et trois ans plus tard. Globalement, les adolescents écoutent entre une heure et demie et deux heures et demie de musique par jour, ce qui n'inclut pas le temps durant lequel ils sont exposés à des clips vidéo. Près de 40 % des chansons populaires contiennent des références à des idylles, des relations et des comportements sexuels. Les auteurs ont distingué deux types de musique en isolant celles qui dépeignent systématiquement les hommes comme des machos sexuellement insatiables, les femmes comme des objets sexuels et les relations sexuelles comme sans conséquence.

Les clips vidéo de ces artistes se plaisent à montrer des filles très court-vêtues s'agitant sur les genoux d'artistes distribuant allègrement des billets de 100 dollars. On peut citer entre autres 50 Cent, Sean Paul ou Lil'Kim... Ces chercheurs ont trouvé que les filles et les garçons qui écoutaient ce type de musique ont un comportement sexuel précoce. « Les musiciens qui usent d'une imagerie sexuelle caricaturale communiquent des messages très spécifiques », déclare le psychologue Steven Martino, principal auteur de l'étude.

En 1997, l'enquête du Département des études, de la prospective et des statistiques (DEPS) du ministère de la Culture et de la Communication français, menée par Olivier Donnat, sur les pratiques culturelles des Français avait mis en évidence de grandes disparités entre « jeunes » et « adultes » dans le rapport à la musique, plus intense chez les premiers (des différences sur le plan esthétique bien sûr, mais aussi au niveau de la consommation et des pratiques quotidiennes). En octobre 2009, les conclusions de la nouvelle enquête du ministère de la Culture viennent de paraître. Elles mettent en lumière la montée en puissance de l'Internet et de la culture d'écran chez les 15-24 ans, mais aussi les répercussions des nouveaux médias sur la consommation de la musique chez les jeunes. La musique a pris une place toujours plus grande dans leur quotidien : 56 % d'entre eux en écoutaient tous les jours en 1997, ils sont 74 % (Donnat, 2009).

Selon une étude réalisée par R. Boyer *et al.* (1986), l'origine socioculturelle s'avère également discriminante. Les enfants d'agriculteurs sont plus de 72 % à déclarer se rendre à des festivals, mais ne sont qu'un peu plus de 10 % à fréquenter les salles de musiques actuelles. *A contrario*, les enfants dont le père est cadre ou exerce une profession intellectuelle supérieure sont ceux qui sortent le plus fréquemment dans des salles dédiées aux musiques actuelles (55,6 % d'entre eux déclarent s'y être rendus). Toutefois, il faut préciser que ces données reflètent aussi l'aménagement du territoire : les scènes de musiques actuelles touchent principalement un public urbain, là où l'offre de festivals est mieux répartie en région et est à même de concerner, par exemple, des enfants d'agriculteurs habitant loin des grandes agglomérations. Ainsi, les goûts musicaux varient en fonction de l'âge, du sexe, de l'appartenance sociale ou encore de l'environnement, urbain ou rural, dans lequel les jeunes évoluent (voir Lepole.asso.fr, 2009).

En Côte d'Ivoire, la crise sociopolitique de 2002 a introduit un nouveau style musical dans le pays, en l'occurrence le coupé-décalé. Ainsi, en plus d'être un nouveau style musical, le coupé-décalé a induit à son tour un nouveau style vestimentaire, un nouveau style langagier, de nouvelles attitudes, de nouveaux comportements, notamment chez les jeunes. Ainsi, une frange importante particulière de jeunes s'identifie à ce style musical.

Avec une population d'environ 542 000 habitants, et environ 1,5 million d'habitants en comptant toutes les localités agglomérées qui y sont rattachées, Bouaké est la deuxième ville la plus peuplée du pays après Abidjan. Appelée aussi capitale des populations d'ethnie baoulé, la ville de Bouaké était restée, de 2002 à l'élection présidentielle de fin 2010, sous contrôle des Forces armées des forces nouvelles et était devenue la capitale de la rébellion. Cette situation a introduit un nouvel état d'esprit et un autre comportement chez les populations de Bouaké, notamment chez les jeunes.

Les jeunes de Bouaké sont fortement attachés à la musique. Ils sont beaucoup plus adeptes du coupé-décalé et du rap. Ces styles de musique semblent traduire les caractéristiques des jeunes de Bouaké. Toutefois, la préférence musicale n'est pas sans conséquence sur l'attitude et le comportement des jeunes de quartiers populaires de la ville de Bouaké.

Dès lors, la présente étude vise à décrire l'influence de la musique sur l'éducation des jeunes des quartiers populaires.

Question de recherche

En quoi la musique est-elle un instrument qui définit la personnalité des jeunes ?

Questions subsidiaires

Comment la musique influence-t-elle l'éducation des jeunes ?

Comment l'artiste influence-t-il le comportement des jeunes ?

Comment les jeunes se construisent-ils une identité à travers la musique ?

Hypothèse générale

La musique rééduque et construit l'identité des jeunes à travers le contenu de la musique, la personnalité et le style de l'artiste.

Hypothèses spécifiques

Les jeunes imitent les stars et les contenus du coupé-décalé et du rap.

La personnalité et le style de l'artiste préféré influencent le mode de vie des jeunes.

Les jeunes se caractérisent par la musique qu'ils écoutent.

Objectif général

Cette étude vise à montrer comment la musique rééduque et construit l'identité des jeunes.

Objectifs spécifiques

Analyser l'influence des contenus musicaux sur l'éducation des jeunes.

Décrire l'influence de la personnalité de l'artiste sur le comportement des jeunes.

Montrer comment la musique rééduque et construit l'identité des jeunes.

MATÉRIELS ET MÉTHODES

DÉLIMITATION DU CHAMP D'ÉTUDE

1. Champ géographique

Notre étude se déroule dans le centre nord de la Côte d'Ivoire, dans le district de la Vallée du Bandama, plus précisément dans le chef-lieu de la région du Gbêkê, à savoir la ville de Bouaké.

2. Champ social

La présente étude porte sur les jeunes des quartiers populaires de la ville de Bouaké, notamment les quartiers de Dar-Es-Salam et Koko. Nous avons interrogé des jeunes âgés entre 16 et 35 ans. Quelques parents de ces quartiers ont également été interrogés.

TECHNIQUES ET OUTILS DE COLLECTE DE DONNÉES

1. Techniques de collecte de données

a) Recherche documentaire

La recherche documentaire a permis de collecter des informations pour la réalisation de cette étude. Cette recherche nous a permis de recueillir un ensemble d'écrits portant partiellement ou selon divers angles sur notre sujet. Elle a porté sur les ouvrages généraux, les ouvrages spécifiques et des articles. D'autres informations ont aussi été recueillies à partir d'entretiens et des prises de notes qui sont des éléments constitutifs de cette enquête.

b) Entretiens exploratoires

Les entretiens exploratoires effectués lors de cette étude ont permis de trouver des pistes de réflexion, d'établir des objectifs (général et spécifiques) de travail. De plus, ils nous ont permis de rencontrer les populations cibles.

En effet, nous avons pu rencontrer soixante-cinq (65) jeunes de la ville de Bouaké. Les entretiens exploratoires se sont déroulés sur dix-huit (18) jours. Ces entretiens nous ont permis de mieux cibler et d'affûter les outils de collecte de données d'enquêtes.

c) Observation directe

L'observation, parfois appelée « travail de terrain », est une étape essentielle dans toute recherche en sciences sociales. Elle comprend l'ensemble des opérations par lesquelles le modèle d'analyse (hypothèses et concepts avec leurs dimensions et indicateurs) est soumis à des données observables. Ainsi, lors de nos observations, nous avons pu constater que la majeure partie des jeunes adoptent un style langagier, vestimentaire et comportemental conformément au style musical et à l'artiste préféré.

2. Outils de collecte de données

Guide d'entretien

Le guide d'entretien est un support sur lequel le chercheur se base pour mener à bien sa collecte de données, d'informations sur le phénomène étudié. Sur ce guide, nous avons posé des questions en fonction des objectifs assignés. L'utilisation de l'entretien comme technique de collecte des données dans le présent travail tient sa justification du fait que cette étude vise à comprendre comment la musique est un instrument qui favorise la rééducation et la construction de l'identité des jeunes. Sur ce support, nous avons posé des questions sur :

- le niveau d'attachement des jeunes à la musique ;
- les préférences musicales des jeunes ;
- le niveau d'instruction de ces jeunes ;
- l'influence des musiques écoutées sur **l'éducation des jeunes** ;
- la construction identitaire des jeunes à travers la musique.

ÉCHANTILLONNAGE

En sciences sociales, il est difficile de mener son étude sur toute la population. C'est pourquoi il est nécessaire de choisir un échantillon sur lequel doit porter l'étude.

1. Population-cible

Cette étude vise particulièrement les jeunes des quartiers populaires de la ville de Bouaké, notamment les jeunes des quartiers de Dar-Es-Salam et Koko y compris quelques parents.

2. Technique d'échantillonnage

L'échantillonnage des personnes à enquêter s'est fait sur la base d'échantillon par choix raisonné doublé de l'échantillonnage par boule de neige et l'échantillonnage par quotas en se basant sur la disponibilité des personnes à participer aux entretiens.

3. Critères de choix

Pour retenir les personnes à interroger, des critères de sélection ont été établis :

- être un jeune âgé de 16 ans à 35 ans ;
- être fanatique de la musique ;
- être résident de Dar-Es-Salam ou Koko ;
- être disposé à répondre aux questions.

4. Taille de l'échantillon

La méthode d'échantillon par choix raisonné doublé de l'échantillonnage par boule de neige et l'échantillonnage par quotas nous a permis d'échanger avec soixante-cinq (65) jeunes filles et garçons de la ville de Bouaké. Par ailleurs, 13 adultes et parents ont été interrogés en tant que personnes ressources.

MÉTHODE ET THÉORIE D'ANALYSE

1. Méthode d'analyse

La méthode qualitative

Conduite auprès des acteurs, la méthode qualitative a été menée sous forme d'entretien individuel. La méthode qualitative renferme cinq traditions : l'approche biographique, l'approche ethnographique, la théorie enracinée, l'étude de cas et l'approche phénoménologique. C'est sur cette dernière, qui est une étude compréhensive, que nous nous sommes appuyé. Cette démarche permet en sociologie de comprendre le comportement d'un individu, d'une entreprise, d'une institution, d'un groupe social et culturel à partir des explications que le ou les acteurs donnent du problème, du phénomène. C'est une démarche en sociologie qui accorde une importance et une signification profondes aux dits des acteurs par rapport à une situation donnée.

Ainsi, dans le cadre de cette étude, nous avons eu recours à la méthode qualitative dans son approche phénoménologique afin de comprendre en quoi la musique influence l'éducation des jeunes et leur construction identitaire.

2. Théorie d'analyse

Théorie de l'habitus

L'habitus est un ensemble de dispositions durables, acquises, qui consistent en catégories d'appréciation et de jugement et engendrent des pratiques sociales ajustées aux positions sociales. Acquis au cours de la première éducation et des premières expériences sociales, l'habitus reflète aussi la trajectoire et les expériences ultérieures (Paugam, 2010). L'habitus est donc une qualité, dans le sens fort du terme, qui réalise (ou négocie) le rapport au monde. Il est en quelque sorte greffé sur la « puissance », matrice du vouloir vivre sociétal permettant de ce fait toutes les adaptations (Maffesoli, 2013). Le recours à cette théorie s'explique par sa capacité à nous conduire à la compréhension et à l'explication des imaginaires mobilisés par les individus pour s'inscrire dans la logique des normes sociétales, et donc des attitudes des différents enquêtés. En fait, des répertoires de justifications sont mobilisés par les individus pour se maintenir dans la société. De ce fait, la théorie de l'habitus va nous permettre de comprendre l'intériorisation de ces justificatifs et les exigences liées à leur recours. D'où la théorie de l'habitus qui va nous permettre de comprendre comment la musique influence l'éducation des jeunes et comment les jeunes construisent leur identité autour de leur musique préférée.

RÉSULTATS ET DISCUSSIONS

RÉSULTATS

1. Style vestimentaire

a) Les jeunes et le style des artistes

Le style vestimentaire de nombreux jeunes est de plus en plus influencé par le style vestimentaire des artistes-chanteurs. Les jeunes ont tendance à imiter le style vestimentaire de leurs artistes préférés : « *Mon artiste préféré est Maître Gims et j'aime porter les grosses lunettes comme lui.* »

En effet, quand ces jeunes sont fanatiques d'un artiste, ils sont sans réserve et sans contrôle. Ils veulent ressembler à cet artiste, ils essayent de le copier trait pour trait : « Je suis trop fan de la gamme *Yôrô. Il est mon idole. Je fais sa coiffure et je garde les barbes comme lui.* »

Comme l'attestent certains, être fanatique d'un artiste,

c'est le valoriser ; et le valoriser, c'est adopter son style : *« C'est Ariel Sheney qui est à la mode donc on fait comme lui ; teinture dans cheveux, teinture dans barbe et puis boucle d'oreille dans l'oreille gauche. »*

Ce copiage et cette imitation de l'artiste préféré peuvent être synonymes de déviance sociale, d'incivisme, de marginalisation et de stigmatisation, car pouvant aller contre l'éducation parentale de base et les normes sociétales. Mais certains jeunes semblent ne pas prendre conscience de cet aspect et de ces conséquences. Ils se laissent tout simplement guider par leurs passions et désirs : « Moi mon modèle d*'artiste c'est Iba Montana. Je me retrouve dans sa chanson. Je copie aussi sur lui. »*

D'autres sont prêts à laisser leur état naturel pour être la copie conforme de leur idole : *« Tout le monde connaît. Je suis spécial Iba One. Je veux le ressembler. Donc je m'habille comme lui, j'essaie de parler comme lui et même faire les gestes comme lui. »*

Les jeunes des quartiers populaires, adeptes de la musique, construisent leur identité autour de leurs artistes préférés. Cela est tellement vrai que, en ce qui concerne les filles, même quand elles ont un artiste préféré homme, elles trouvent un référent femme qu'elles copient : « J*'aime Dadju, Safarel, Fally, Kérozen mais comme je suis une fille je fais comme Claire Bailly.* »

Toutefois, certains jeunes essaient de faire un effort par moments pour modérer et se maîtriser face à l'imitation des stars : *« Pas trop mais je fais souvent comme mes stars préférées. J'écoute plus Dadju, Fally, Maître Gims mais eux ils sont des garçons. Donc j'imite Chindima et j'aime les coiffures de Mani Bella. »*

Parfois, l'influence de la musique sur la vie des jeunes

n'est pas uniquement dans le comportement ou le style vestimentaire. Elle est aussi dans l'attitude, la passion ou l'émotion : « Moi, les sons de *zouglou, reggae dans mon téléphone, jamais. J'*écoute les spots des DJ ou le coupé-décalé. » Pourtant, à le voir, il n'a pas de style vestimentaire extravagant ou un comportement extrême ou marginal.

Cependant, certains écoutent toutes les stars des différents styles musicaux. Ceux-là n'ont pas de préférence musicale et ils ne sont pas vraiment influencés par la musique dans leur éducation, style et comportement. Toutefois, les jeunes les plus influencés par la musique ont un niveau d'éducation bas ou sont déscolarisés.

b) Les parents face à l'imitation des artistes par les jeunes

Des parents sont résignés ; ils ont échoué dans l'encadrement et l'éducation de leurs enfants. La démission parentale est là : « Pantalons bas *tuyo, chocotos dehors, coiffures bizarres… Tout ça, c'est Arafat qui a enseigné ça à nos enfants. »* Ainsi, l'influence des artistes est plus grande sur l'éducation des enfants plus que celle des parents eux-mêmes.

Certains parents essaient de contrôler la situation avec des réactions rigoureuses. C'est ce que laisse entendre ce père : *« La dernière fois j'ai coupé jusqu'à la cuisse quelques pantalons à mon fils. Leur habillement bizarre bizarre là ce n'est pas chez moi ici. »*

Pendant ce temps, des jeunes trouvent le moyen de tromper la vigilance de leurs parents : *« Ma boucle d'oreille, mes bagues, ma chaîne, mes lunettes, j'enlève tout ça avant d'entrer en pix*[1] *sinon c'est gâté avec mon chao*[2]. *Il oublie que leur temps est*

[1] À la maison.

[2] Mon papa.

passé. Nos temps ne sont pas les mêmes. »

Mais des parents affirment également leur échec dans la gestion de la situation : « *Ce n'est pas vraiment facile d'imposer notre éducation aux enfants d'aujourd'hui. Ils passent plus de temps dehors, avec des amis, ou bien sur Facebook. Donc c'est là-bas qu'ils apprennent.* »

La situation est tellement alarmante et incontrôlée que certains parents ont déjà peur pour l'éducation de leurs enfants encore très petits : « *Souvent quand je suis au grin et que je vois des jeunes passer je me demande quelle éducation auront mes enfants, comment ils vont devenir ?* », car pour eux, ils ne pourront pas contrôler leurs enfants et leur donner l'éducation voulue. Tout simplement parce que l'influence de dehors est plus forte que l'influence de la maison : « Si je vois des enfants comme ça, je n*'ai même pas envie d'avoir des enfants. Je me demande quelle éducation ils vont prendre. Les jeunes veulent tous se comporter comme des grands or ils ne sont pas stars.* »

En effet, par le coupé-décalé et le style artistique de DJ Arafat, la jeunesse ivoirienne, notamment les fans de l'artiste, a adopté un style vestimentaire, une attitude et un comportement à l'image de ses stars (coupe de cheveux, manière de s'habiller, manière de parler, style langagier). Le style vestimentaire est caractérisé par des coiffures extravagantes, des pantalons jeans au milieu des fesses en exposant « les chocotos » (petites culottes), des pantalons « bas tuyo » (des pantalons dont le bas est très restreint).

2. Le comportement

Plus loin que le style vestimentaire, d'autres jeunes des quartiers populaires vont jusqu'à adopter un nouveau comportement relativement à leur artiste préféré. Malheureusement, ces comportements adoptés semblent être en contradiction avec les normes sociétales et l'éducation parentale de base à laquelle ils avaient été socialisés. C'est justement ce qu'atteste l'intervention de ce parent : *« La musique d'aujourd'hui n'enseigne rien de positif à nos enfants. Au contraire, cela les détruit. »* Un autre va plus loin en disant : « À cause de ces artistes nos enfants n*'ont plus honte, ils ne respectent plus les vieux. »* Tout cela montre combien certains jeunes sont transformés et rééduqués à travers les musiques urbaines et leurs stars. Et pourtant, *« Les musiques des années 90 et 2000 étaient pleines d'enseignement. Mais aujourd'hui ce sont des musiques pleines de paroles vulgaires. Ça rend les enfants mal éduqués. »* Mais aujourd'hui, *« un enfant qui écoute les chansons de DJ Arafat et qui regarde ses clips ne peut pas avoir un bon comportement »*.

À l'instar de DJ Arafat, les vedettes du coupé-décalé en Côte d'Ivoire ont tendance à présenter des musiques aux contenus et clips sans pudeur. Outre la Côte d'Ivoire, d'autres pays en Afrique lui ont emboîté le pas. En l'occurrence le Cameroun, qui présente des artistes aux contenus musicaux et aux styles identiques au coupé-décalé de la Côte d'Ivoire. De ce fait, avec l'essor des réseaux sociaux, ces stars avec leurs musiques brisent les frontières et ont les mêmes influences sur les jeunes des quartiers populaires : « Les enfants passent tout leur temps à suivre les artistes, les stars sur les réseaux sociaux et ils essaient de les imiter, de vivre comme eux. »

En réalité, les jeunes des quartiers populaires subissent à la fois plusieurs éducations : l'éducation des parents à la maison, l'éducation de l'environnement social, l'éducation des réseaux sociaux et l'éducation des stars de la musique : « Nous on éduque nos enfants mais les musiques et le mode de vie des artistes, des stars éduquent aussi nos enfants. Et apparemment ils ont plus d'*influence sur les enfants que nous. Malheureusement ils leur enseignent un comportement qui n'est pas catholique. C'est peut-être un mode de vie mais un mode de vie qui n'est pas conforme à la vie de nos enfants.* »

En effet, les comportements adoptés par les jeunes des quartiers populaires par le biais de la musique ont trait au banditisme, à la déviance sociale. Et tout ceci génère un mode de vie qui n'est pas celui enseigné par l'environnement familial et social auquel les jeunes avaient été socialisés. Ils sont ainsi par moments stigmatisés, par moments marginalisés. Par ailleurs, à voir certains jeunes, il est facile de définir leurs musiques et artistes préférés. De même, en les voyant écouter de la musique, on peut également deviner leurs styles et comportements. Par ailleurs, les jeunes des quartiers populaires dont le comportement est influencé par la musique ont un niveau d'études relativement bas ou sont carrément déscolarisés.

3. Style langagier

Le coupé-décalé en Côte d'Ivoire se distingue notamment par un style de langage particulier dans le contenu de la musique. Dès lors, ses adeptes s'approprient ce style langagier et l'appliquent dans leurs propos et discours quotidiens : « À force d'écouter les conneries de musique, les enfants ne peuvent même plus bien s'*exprimer.* » Effectivement, on a pu s'apercevoir que le niveau de langue chez ces jeunes était vraiment bas. Apparemment, le monde en est conscient : « À cause des DJ là, le *nouchi a pris le dessus. Parler correctement est devenu rare chez nos jeunes.* » Le véritable souci chez ces jeunes, c'est qu'ils ont du mal à distinguer le monde du showbiz, la vie d'une star et un mode de vie normal et tranquille : « Un artiste, *pour devenir célèbre, crée un concept bizarre. Et tous les jeunes le copient aussi. Donc aujourd'hui, on entend trop de mots bizarres dans la bouche de nos jeunes.* » C'est en cela qu'un artiste du coupé-décalé invité sur un plateau radio affirmait : « Le coupé-décalé aussi, c*'est la façon de parler qui fait le coupé-décalé »,* pour traduire combien les artistes du coupé-décalé créent des manières de parler hors du commun pour attirer l'attention des mélomanes et asseoir leur célébrité. Et cette manière de parler brise d'une manière ou d'une autre les barrières et le respect entre les jeunes et les aînés : « *Regarde, les jeunes ne nous appellent plus "tonton", "papa" hein, ils disent tous "chao", "le père". Ils ne disent plus "tantie", "maman", ils disent maintenant "la vieille mère", "la madré".* »

En tout cas, l'avènement du coupé-décalé avec son style de langage particulier a fortement et négativement impacté le niveau de la langue française en Côte d'Ivoire : « En Côte d'*Ivoire on parle beaucoup le français mais du faux français. La faute à ces artistes surtout nos DJ d'aujourd'hui là.* » Toutefois, le niveau de l'école serait également impliqué dans la dégradation du niveau de la langue française en Côte d'Ivoire. L'école est devenue faible et les parents ont démissionné. De ce fait, « *il faut dire que ce sont ces artistes qui dictent le langage et les expressions à nos enfants. Dès qu'un artiste développe un concept, automatiquement les jeunes l'adoptent* ». Ainsi, les musiques urbaines, en particulier le coupé-décalé, sont devenues des outils d'éducation, de rééducation ou resocialisation des jeunes des quartiers populaires.

Par ailleurs, les jeunes âgés de moins de vingt ans en Côte d'Ivoire et au Mali ont maintenant tendance à se référer à une nouvelle star du rap malien, en l'occurrence Iba Montana. Cet artiste se distingue par sa coupe de cheveux à teinture, son chapeau « boksa » toujours renversé, son petit couteau toujours en main et des paroles qui incitent la jeunesse à la révolte, à la marginalité. Ainsi, nombre de jeunes des quartiers populaires, très souvent déscolarisés ou à faible niveau d'études, se réfèrent à lui en copiant trait pour trait ses style (vêtements et langage) et comportement. Beaucoup d'adolescents de quartiers populaires l'imitent avec sa teinture jaune dans les cheveux, son chapeau renversé sur la tête et se promènent toujours avec un petit couteau dans la poche. Conduisant les jeunes à une déviance sociale avec des comportements marginaux, Iba Montana a vu son concert être annulé à Bouaké par le préfet de région. En effet, depuis la veille de son concert, les petits couteaux et les chapeaux appelés boksa étaient en manque sur le marché. Aussi, ces jeunes sont tous analphabètes, déscolarisés ou ont un niveau de scolarisation faible.

DISCUSSION

Au moyen de cette étude, nous avons pu comprendre que la musique identifie le caractère et la personnalité des jeunes des quartiers populaires de Bouaké. La musique étant universelle, on peut alors dire que ce fait n'est pas spécifique à Bouaké, car dans un article publié par Wixom, en 2013, *« Un chercheur a affirmé que les jeunes âgés de 15 à 18 ans qui écoutent du Heavy Métal ou du underground ont des tendances suicidaires, consomment de la drogue et ont une piètre image d'eux et ont un sentiment d'impuissance.* » Ainsi, nous pouvons dire que le caractère, les sentiments d'un jeune peuvent être cernés par le type de musique qu'il écoute. Aussi, le type de musique écoutée peut influencer la personnalité, le caractère, les sentiments d'un jeune. « Les jeunes sont plus influencés par le rock, le jazz, le hip hop, le reggae ou encore la techno. Dans la musique, l'émotion prime c'est d'ailleurs pour ça que les chansons populaires parlent principalement d'amour » (Rosemary M. Wixom, 2013). Cependant, actuellement en Côte d'Ivoire, les jeunes sont plus influencés par le coupé-décalé que tout autre type de musique, après vient le rap.

La musique influence tellement le comportement des jeunes que « les ados fans de musique aux contenus sexuellement explicites débuteraient plus tôt leur vie sexuelle. Les morceaux de rap, de R'n'B ou de toute autre musique présentant une image dégradante des relations hommes-femmes pourraient amener les jeunes à anticiper leur première fois » (David Bême, 2001). En plus d'influencer la vie sexuelle comme l'indique cette étude, la nôtre démontre que l'éducation des jeunes est très influencée par les musiques qu'ils écoutent. En plus, les jeunes des quartiers populaires ont tendance à construire leur identité sociale à travers ces musiques. Toutefois, « les adolescents d'aujourd'hui sont plus plongés dans la musique que ceux des générations précédentes notamment grâce à l'évolution de la technologie comme par exemple les radios ou les téléphones portables » (David Bême, 2001).

« La musique peut donc aussi être le support de l'expression de la violence, de l'agressivité et de la révolte.

La télévision a eu pour rôle de raconter aux jeunes ce que font les autres adolescents dans le monde. De nos jours, le rappeur Eminem ou encore Metallica, le groupe de rock très connu vendent des millions de disques. Ils hurlent des scènes de viols mais aussi de meurtres. La violence fait partie de l'univers des jeunes, le monde urbain est dur. La musique est donc le miroir de notre société. » (*L'influence de la musique dans la personnalité des jeunes*, In etudier.com, 2013.) Relativement à notre étude, la musique en vogue actuellement en Côte d'Ivoire est le coupé-décalé, avec des stars qui ont un style vestimentaire spécifique, des coiffures extravagantes, des expressions vulgaires... C'est en cela que les jeunes s'habillent de plus en plus mal, ils ont des coupes de cheveux excentriques et un style langagier peu académique.

Concernant notre étude, il en ressort que la musique est un instrument de construction identitaire chez les jeunes des quartiers populaires de Bouaké. Par ailleurs, « dans les communautés de réfugiés khmers à Washington, D.C. une autre fonction musicale est devenue toujours plus prépondérante : celle d'exprimer l'identité culturelle d'une communauté désormais intégrée dans une société multi-ethnique comme celle des Etats-Unis, où l'"appartenance" revêt un rôle important » (Giovanni Giuriati, 1996 : 29). Dans notre étude, même si nous n'avons pas pu déterminer la culture à partir de la musique préférée, nous avons pu au moins déterminer que la musique préférée induit un comportement, un style... Cependant, la majorité des jeunes de notre étude qui construisent leur identité autour de la musique sont analphabètes, déscolarisés ou ont un niveau d'études relativement faible.

En outre, « le terme "musiques actuelles" est généralement associé à la culture jeune, elle est même systématiquement identifiée à la période de l'adolescence. L'adolescence correspond à une période de différenciation et de recherche d'identité. Il s'agit d'un travail de négociation entre le soi, l'individu et les autres groupes. L'adolescence est une période qui précède l'âge adulte, où l'on se construit une identité autour d'une "tribu", d'un style musical. Le terme "musiques actuelles" est d'abord associé à une culture, à une attitude non conformiste, souvent rebelle et contestataire » (« Le vrai visage de la musique des jeunes », adiac-congo.com, 2014). D'où le sens de notre étude qui visait à analyser et comprendre la construction identitaire des jeunes des quartiers populaires de la ville de Bouaké à travers les musiques urbaines.

Conclusion

En guise de conclusion, il faut retenir que, à travers une étude sociologique de type qualitatif dans son approche phénoménologique, menée auprès de soixante-cinq (65) jeunes citadins de quartiers populaires de la ville de Bouaké et treize (13) parents, nous avons pu analyser et comprendre comment les musiques urbaines influencent l'éducation et le comportement des jeunes de quartiers populaires non seulement par le contenu de la musique mais aussi et surtout à travers la personnalité de l'artiste. Pour cette étude, nous avons mis l'accent sur les jeunes analphabètes ou les jeunes à faible niveau d'études des quartiers populaires de Bouaké. En effet, au fur et à mesure que ces jeunes écoutent de la musique, ils s'attachent à un style musical et se font des artistes préférés. Dès lors, ils imitent ces stars avec des musiques qui les caractérisent le mieux. Ainsi, les jeunes des quartiers populaires abandonnent l'éducation parentale de base à laquelle ils avaient été socialisés. Ils s'identifient aux contenus de musiques et copient le comportement de leurs artistes préférés. À partir de ce moment, la musique les rééduque et ils sont resocialisés. Cette resocialisation des jeunes à travers la musique a un impact sur leur éducation (ils sont acculturés), leur savoir-être (leurs comportements sont en déphasage avec les normes d'éducation de leurs familles respectives), leur savoir-faire (ils perdent leurs talents naturels en cherchant à être comme leurs idoles). Par ailleurs, ils se construisent leur identité à travers un type de musique préféré ou ils s'identifient à un type de musique préféré, notamment par l'artiste préféré. Cet état de fait nous amène à croire que les parents sont en train d'échouer dans leur mission d'éducation de leurs enfants. Car c'est la musique, au moyen des nouvelles technologies de l'information et de la communication, qui dicte aux enfants leur éducation à adopter. Cependant, cette éducation et ce comportement adoptés à travers la musique sont très souvent en contradiction avec ceux enseignés ou voulus par la famille ou l'environnement social.

BIBLIOGRAPHIE

BÊME, David

■ *Musique et sexe.* 2001.

BLONDIN, Denyse

■ *De Hannah Montana à Mozart : la musique dans la vie des jeunes.* Congrès de la fédération des associations de musiciens éducateurs du Québec (FAMEQ 2009) Hôtel Delta : Montréal. 2009.

BOULAYE, Jasmine

■ *Le rôle de la musique dans l'éducation.* Laval théologique et philosophique. 1961. 17(2), page 262-274.

BOYER Robert, DAPHY Eliane, *et al*

■*Les goûts musicaux des lycéens*, Paris, INRP, 1986.

DONNAT, Olivier

■ *Les pratiques culturelles des Français*, Paris, La documentation française, 1997.

■ *Les pratiques culturelles des Français à l'ère numérique*, Paris, La découverte, 2009.

DURKHEIM Emile

■ *Les règles de la méthode sociologique.* Paris : PUF, 1986. P.3.

GRAWITZ Madeleine

■ *Méthodes des science*s, Paris, Dolloz, 11ème, 1986. P.67.

GIURIATI Giovanni

■ *Khmer Traditional Music in Washington, D.C.* Unpublished Ph.D. Dissertation, University of Maryland Baltimore County. 1988.

GLEVAREC, Hervé

■ *La radio et ses publics. Sociologie d'une fragmentation*, Paris, Mélanie Séteun/Irma, 2009.

GREEN, Martin

■ *Les adolescents et la musique*, Issy-les-Moulineaux, EAP. 1986.

GUIBERT, Gérôme

■ *La production de la culture. Le cas des musiques amplifies en France* (chap. 4 et chap. 6), Paris, Mélanie Séteun/Irma, 2006.

HANNECART, Claire *et al.*

■ *Rapport des jeunes à la musique à l'ère numérique. Synthèse de l'enquête menée en pays de la Loire.* Mars 2015.

KASONGO, Anthony

■ *Les jeunes et la musique.* Le rebond. Juillet 2018

■ « *L'influence de la musique dans la personnalité des jeunes* », 2013.

■ Le Pôle. *Musique et jeunesse.* 2009.

■ « *Le vrai visage de la musique des jeunes* », 2014

N'DA Paul

■ *Méthodologie de la recherche : de la problématique à la discussion des résultats*, Abidjan, EDUCI. 2002.

Rosemary, Kennedy. 2013.

SERVANE, Justine

■ *Les jeunes et la musique.* 2009.

THOMAS, Spencer Monson

■ *A prophet's voice* : messages *from Thomas S. Monson.* 2012.

TRUONG, Fabien

■ *Rapport d'évaluation régional Peace and Lobe. Programme de prévention des risques auditifs liés à la pratique et* à l'écoute des musiques amplifiée*s*, Nantes, Les mutuelles de Loire-Atlantique, 2002.

WIXOM, Rosemary

■ *L'influence de la musique, In jeunes, soyez forts.* 2013.

Table des matières

Dépôt légal : décembre 2021

www.ingramcontent.com/pod-product-compliance
Lightning Source LLC
LaVergne TN
LVHW041215150826
845673LV00001B/408

9791090147508